도쿄 산책자

TOKYO STRANGER by Kang Sang-jung
Copyright ⓒ 2011 by Kang Sang-jung
All rights reserved.
First published in Japan in 2011 by SHUEISHA Inc., Tokyo.
Korean translation rights in Korea arranged by SHUEISHA Inc., Tokyo
in care of Tuttle-Mori Agency Inc., Tokyo through BC AGENCY, Seoul.

이 책의 한국어판 저작권은 BC 에이전시를 통한 저작권자와 독점 계약을 맺은 (주)사계절출판사에 있습니다.
저작권법에 의해 한국 내에서 보호를 받는 저작물이므로 무단전재와 복제를 금합니다.

강상중의 도시 인문 에세이

도쿄 산책자

강상중 지음 ─ 송태욱 옮김

사□계절

한국의 독자들에게

도쿄와 서울. 두 수도를 왕복할 때마다 도쿄에 있고 서울에 없는 것, 서울에 있고 도쿄에 없는 것이 무엇일까 하는 생각을 하게 됩니다. 저도 모르게 두 수도를 비교하는 것이지요.

동아시아의 거대도시라고 하면 금방 떠오르는 것이 베이징, 도쿄, 서울입니다. 이 책에서 세 도시 이야기를 하려는 것은 아니지만, 세 거대도시 모두 중국, 일본, 한국의 수도입니다. 다만 도쿄와 서울이 베이징과 다른 것은, 두 수도가 정치의 중심만이 아니라 경제·문화·사회의 중심이라는 점입니다. 좋은 의미로든 나쁜 의미로든 그 다양한 집적도에서 도쿄와 서울은 베이징과 다르다는 것입니다.

중국에는 베이징과 상하이라는 타원의 두 중심 같은 것이 있는 반면, 일본과 한국에는 각각 도쿄와 서울이라는 일극의 거대도시가 있을 뿐입니다. 일본이라면 도쿄, 한국이라면 서울을 연상하는 것처럼, 두 수도는 일본과 한국이라는 나라 자체를 대표한다고 말할 수 있습니다. 반대로 말하자면 도쿄와 서울을 보면 일본과 한국의 맨얼굴이 보인다는 것입니다.

1970년대 초에 처음으로 한국을 방문한 재일 한국인 2세의 눈에 비친 서울은 도쿄의 어두운 그림자라는 이미지였습니다. 사실상 군정하에 있던 부모의 나라 수도는 어두침침하고 거대한 진창 속에서 엄청난 수의 사람들이 몸부림치고 있는 것처럼 보였습니다. 서울 어디에서도 눈부시게 화려한 긴자의 환함이나, 하라주쿠나 아오야마 같은 세련된 거리는 찾아볼 수 없었습니다.

그리고 무엇보다 놀란 것은 서울 도처에 털터리 버스가 흙탕물을 튀기며 맹렬한 스피드로 질주하고 있었다는 점입니다. 도쿄의 야마노테센(도쿄 전철 순환선)이나 지하철에 익숙한 저에게 철도라는 교통수단이 없는 서울은 가는 곳을 모르는 거대하고 어두운 미로처럼 여겨졌습니다.

고도성장기에 자라서 도쿄의 휘황찬란함에 익숙한 저에게 도쿄와 서울을 비교하는 것은 애당초 의미 없는 일이었습니다. 서울은 도쿄의 네거티브 이외에는 아무것도 아닌 것으로 여겨졌기 때문입니다.

하지만 여름 한 철을 서울에서 보내고 나서 도쿄로 돌아가기 전날, 어수선한 서울 거리에 지는 석양을 바라보고 있자니 문득 서울이 너무나도 사랑스러워졌습니다. 그것은 향수를 불러일으키는 정겨움을 동반한, 사람 냄새 나는 서울의 표정을 나타내고 있었던 것입니다.

서울에서 도쿄로 돌아가서 보니 도쿄가 달리 보였습니다. 서울을 거울로 하여 도쿄를 봤을 때 제 안에 있던 도쿄에 대한 동경의 감정은 이미 사라지고 없었습니다. 일본의 도쿄에서 세계의 TOKYO로 변모하고 있던 도쿄는, 서울 같은 무질서한 떠들썩함이 서서히 사라지고 거리는 가는 곳마다 깔끔하게 포장되어 어딘가 서먹서먹하고 청결한 메트로폴리탄으로 변해 가고 있었습니다.

1970년대 말부터 1980년대까지 도쿄는 'Japan As Number One'의 파사드 façade에 어울리는 메트로폴리탄 TOKYO가 되었고, 아시아를 흘겨보는 듯한 마천루처럼 우뚝 솟아 있었습니다. 이미 거기에는 서울의 거칠고도 붙임성 있는, 인간의 오장육부를 속속들이 드러내는 듯한 벌거벗은 도시의 매력은 사라지고 있었습니다.

　뉴욕 같은 TOKYO의 고층 빌딩, 런던 같은 TOKYO의 금융가, 파리 같은 TOKYO의 거리……. 버터 냄새 나는 도심의 광경에서 잠시 에도 취향의 엑조티즘으로 타임슬립 한 것 같은 시타마치의 고풍스러운 거리는 TOKYO가 가진 또 하나의 얼굴을 표현하고 있었습니다.

　하지만 그 주변이나 교외는 엄청난 수의 '성냥갑' 같은 연립주택이나 집들로 북적거리고 있었습니다. 저도 그런 곳에 살고 있었습니다. 그리고 거기에서 보이는 TOKYO는 현대의 거대한 엘도라도처럼 반짝이고 있었습니다. 그 빛은 사람의 친절함이나 사람 냄새를 탈색한, 방대한 욕망의 덩어리가 내는 반짝임이었습니다. 그런 TOKYO는 저에게 지겹기도 하고 원망의 대상이 되기도 했습니다. "속이 뒤집히는 TOKYO, 속이 뒤집히는 80년대." 제 일기에는 그렇게 쓰여 있었습니다. TOKYO가 돈, 정보, 욕망, 그리고 투기의 거대한 '블랙홀'이 되고 있는 것에 대한 저 나름의 소박한 저항의 표현이었는지도 모릅니다.

　하지만 서울 역시 서울올림픽을 계기로 우왕좌왕하며 변모를 이루어 내, 정신을 차리고 보니 피부가 벗겨져 살과 신경이 그대로 노출된 거리의 광경은 서서히 모습을 감추고 있었습니다. 서울도 SEOUL로 바뀌고 있었던 것입니다. 그리고 지금은 〈강남 스타일〉이라는 노래에서 보여지듯이, 한강을 사이에 두고 구시가와는 전혀 다른 세계 같은 강남 지역이 펼쳐져 있습니다. 거기에는 TOKYO의 롯폰기나 아카사카, 하라주쿠나 아오야마를 방불케 하는 세련된 거리가 이어져 있습니다.

이리하여 도쿄와 서울도 뉴욕을 깨끗이 하자는 캠페인에서 시작된 'I LOVE NEW YORK'이라는 카피처럼 'I LOVE TOKYO'와 'I LOVE SEOUL'이 세력을 떨치게 되었습니다. 그리고 어느새 도쿄에서 서울로, 서울에서 도쿄로 오갈 때마다 국경을 넘는다는 감각은 사라지고 평평한 감각만이 남게 되었습니다.

그렇다고 도쿄와 서울이 밋밋하고 개성 없는 메트로폴리탄이 된 것은 아닙니다. 도쿄에는 도쿄의 개성이, 그리고 서울에는 서울의 개성이 있습니다. 한국의 독자 여러분께서도 이 책을 읽으면 도쿄의 개성이 무엇인지, 반드시 그 실마리를 찾을 수 있을 겁니다. 그리고 도쿄와 서울이 동아시아 글로벌화의 공시적인 공간 안에 있으면서도 여전히 서로 다른 도시의 분위기를 간직하고 있다는 사실을 실감하게 될 것입니다. 이 책이 한국의 파사드인 서울을 다시 볼 수 있는 실마리가 되어 준다면 기대 이상으로 행복한 일이 될 것입니다.

2013년 3월
강상중

차례

한국의 독자들에게   4
책을 시작하며   11

서장   도시에서 만나는 타자와 나

당신의 정체는 무엇입니까? ___ 한국·서울   16

1장   비일상적인 공간을 찾아서

마음의 성역을 찾아서 ___ 메이지신궁   30
마음을 헤아리다, 마음을 흔들다 ___ 국립신미술관   37
비일상성을 연출하는 다른 차원의 공간 ___ 포시즌스 호텔 마루노우치 도쿄   44
인생의 드라마투르기를 생각한다 ___ 기노쿠니야 홀   50
혼돈 속에서 보는 삶과 죽음의 리듬 ___ 산자마쓰리   56

2장   모던, 포스트모던, 그 이후

도시에 우뚝 솟은 바벨탑 ___ 롯폰기힐스   64

당신은 진지합니까? ___ 나쓰메 소세키의 자취를 따라서   70

역사에 농락당한 벚꽃의 아름다움 ___ 지도리가후치   77

기억이 정화되는 거리 ___ 하라주쿠   83

근대화의 환영을 찾아서 ___ 오가사와라 백작 저택   89

3장   글로벌화하는 도쿄

샤넬과 긴자와 브랜드 ___ 샤넬 긴자점   98

시장의 신은 누구에게 미소 짓는가 ___ 도쿄증권거래소   105

크리올화하는 도시의 언어 ___ 신오쿠보   112

지의 공동체는 어디로 가는가 ___ 도쿄대학   118

수조 안은 안전합니까? ___ 시나가와 수족관   124

4장   도쿄의 문화, 도시의 문화

아날로그적 지의 세계를 거닐다 ___ 진보초 고서점가   132

세련된 도회인이 사랑한 '웃음' ___ 신주쿠 스에히로테이   140

전통과 혁신의 틈새에서 ___ 가부키자   147

꿈의 성지에서 빛나는 현대의 카리스마 ___ 진구구장   154

나의 시네마 천국 ___ 산겐자야 주오극장   161

5장　원자화하는 개인

어딘지 쓸쓸한 오타쿠의 성지 ── 아키하바라　168

야네센, 골목의 기억 ── 야나카·네즈·센다기　175

고양이 카페 붐에서 보는 탈욕망화 ── 고양이 카페　182

빈곤과 고령화를 안고 있는 거리에서 ── 산야　188

6장　도시는 사람들을 자유롭게 하는가

그 한 표로 정치는 바뀐다 ── 국회의사당　196

인간이 인간을 심판할 수 있는가 ── 최고재판소　202

에너지가 소용돌이치는 먹거리의 현장 ── 쓰키지 시장　209

흐르는 강물처럼 살아간다 ── 스미다가와　215

도쿄는 사람들을 자유롭게 하는가 ── 가부키초에서 황거까지　222

대담　고이즈미 교코 + 강상중

도쿄, 교차하는 기억과 미래　229

책을 마치며　240

참고문헌　245

책을 시작하며

숨을 죽이며 고요해지는, 어둠속에 파묻힌 도쿄. 누가 이런 도쿄의 모습을 상상이나 했을까요. 적어도 고도경제성장 이후의 도쿄는 밝은 이미지였습니다. 그리고 거품경제로 들끓었던 도쿄는 어디나 불야성처럼 휘황찬란하고 눈부셨습니다. 지하상가도 마치 대낮에 지상을 걷고 있는 것처럼 빛으로 넘쳐났지요. 도쿄는 끝도 없이 전력을 들이켜는 거대한 위장이었던 것입니다.

하지만 수십 년이 지나도록 도쿄는 아랑곳하지 않았습니다. 도쿄를 움직이는 에너지가 어디에서 공급되는지 알려고 하지도 않았고, 알 수도 없었습니다. 그런데 일본 동북부를 덮친 거대한 지진과 쓰나미가 초래한 원전 사고를 보면서, 도쿄가 마치 허공에 매달린 다리 위에 우뚝 솟은 바벨탑에 지나지 않을지도 모른다는 생각이 들었습니다.

돌이켜 보면, 지금까지 도쿄는 그 은혜를 일본 열도 전체에 골고루 나눠 주는 도깨비 방망이로 생각되어 왔습니다. 흘러간 옛 노래의 가사 "도쿄로 가버렸다"처럼, 사람들은 그 이익을 얻으려고 지방에서 앞다투어 도쿄로 밀려들었고, 한편으로는 작은 모조품 도쿄가 지방 중심가에 출현하게 되었습니다.

"도쿄로 가버렸다" 모리야 히로시守屋浩가 1959년에 불러 크게 히트한 〈나는 울어버렸다僕は泣いちゃった〉에 나오는 노랫말이다. 참고로 〈나는 울어버렸다〉의 1절은 다음과 같다. "내 애인은 도쿄로 가버렸다. 내 마음을 알면서. 왜, 왜, 왜, 어째서, 어째서, 어째서, 도쿄가 그렇게 좋은 걸까. 나는 울어버렸다. 고개를 돌리고 울어버렸다. 쓸쓸한 밤은 싫어. 나도 가야지. 그 애가 살고 있는 도쿄로." (옮긴이)

거품경제에 취한 도쿄는 세계의 도쿄가 되어 드디어 태평양을 건넜고, 미국 신화의 프런티어 전설을 거슬러 올라 미국 동해안으로 진출해 마침내 뉴욕도 '도쿄화'하려고 했습니다. 뉴욕의 상징을 사들이고 아메리카니즘의 화신인 할리우드에까지 진출하려고 한 도쿄는 바로 떠오르는 태양의 상징이 되었습니다. "뉴욕이 뭐하는 데냐." "미국이 뭐하는 데냐." 미국을 방문한 종합상사 직원이나 사업가, 학자나 저널리스트, 관광객까지 모두 그런 우월감을 과시했습니다. 거기에는 마치 태평양전쟁의 승패를 드디어 역전시켰다는 성취감과 'Japan As Number One!'이라는 자부심이 흘러넘치고 있었습니다.

이미 100년 전 나쓰메 소세키는 『산시로』의 주인공으로 하여금 "가장 놀란 것은 아무리 가도 도쿄가 없어지지 않는다는 것이었다"는 경탄의 소리를 지르게 했는데, 한없이 증식하고 팽창하는 도쿄는 여기서 절정에 달한 듯합니다.

그 절정에서 불야성처럼 빛나는 모습에 황홀해하고 있는 도쿄, 그런 도쿄를 저는 씁쓸한 마음으로 바라보고 있었습니다. 독일 유학에서 돌아와 예전에 용선로鎔銑爐가 있던 동네에서 그리 멀지 않은 곳에 살림을 차린 신출내기 강사에게는 '도쿄는 가깝고, 하지만 신은 멀다'라는 감개밖에 일지 않았기 때문입니다. 도쿄에서는 1960년대 말부터 1970년대 초까지 도쿄로 모여들었던 나 같은 '촌놈'의 냄새가 사라지고 있었습니다. 중성적이고 평평하며 청결한 메트로폴리탄 도쿄, 소요도 혼란도 일탈도 우연한 만남도 사라지고 오로지 욕망만을 채울 뿐인 거대한 소비지 도쿄. 들뜬 포스트모던의 딜레탕트들이 그런 도쿄를 아무리 절찬해도 내게는 도저히 친숙해지지 않았습니다. 도쿄는 사람을 자유롭게 하기는커녕 오히려 욕망의 노예로 만드는 마계로밖에 생각되지 않았기 때문입니다.

하지만 아이러니하게도 얼마 후 나는 그 마계의 사이버공간에서 하는 일의 양이 늘어나고 미디어에도 빈번하게 노출되게 되었습니다. 아카사카, 롯폰기, 마루노우치 등 거품 같은 도쿄의 중심지로 나갈 때마다 이상한 고양감과 서늘한 적막감이 뒤섞인 느낌에 저 스스로도 당황했습니다.

그러나 어느 늦은 밤 텔레비전 방송국을 나와 택시를 타고 사이타마까지 고속도로를 질주하다 문득 즐비한 고층건물의 사무실 창에 켜진 불빛을 봤을 때 복받쳐 올랐던 정겨운 감동을 저는 지금도 또렷이 기억하고 있습니다. 그 불빛은 마치 밤하늘을 어지러이 나는 반딧불처럼 슬프면서도 애처로웠습니다. '아아, 저 창 하나하나에 지금도 일하고 있는 사람이 있겠구나.' 그 메마른 감동은 지금도 잊을 수가 없습니다.

그로부터 20년, 거품경제는 그야말로 물거품처럼 사라졌습니다. 도쿄는 이제 황금의 광채를 잃어버리고 상하이나 싱가포르, 서울 같은 아시아의 신흥도시에 그 압도적인 지위를 물려주고 있습니다. 간신히 '탐욕'에서 깨어나 분수에 어울리는 모습으로 되돌아가려고 할 때, 대지진과 쓰나미, 그리고 방사능과 전력난이 도쿄를 전율케 했습니다. 제정신을 차리려고 한 도쿄를 추격하기라도 하는 것처럼 미증유의 재난이 덮친 것입니다. 도쿄는 대체 어떻게 될까요.

그래도 저는 비관도 낙관도 하지 않습니다. 다만 오만한 도쿄도, 위축된 도쿄도 되지 않기를 바랄 뿐입니다. 이방인stranger에게 아무렇지 않게 눈짓하며 살짝 끌어안는 듯한 도쿄. 그것이 제가 바라는 도쿄의 미래입니다. 어쩌면 도쿄는 가까스로 그런 도시에 다가가고 있는지도 모르겠습니다. 요즘처럼 어둠

속에서 사람의 온기가 그리운 때도 없었으니까요.

　이 책에 담긴 도쿄는 3·11 대지진 이전의 도쿄입니다. 그 장면 어디에도 불안에 떠는 도쿄의 모습은 없습니다. 대지진의 참상과 방사능의 위협을 목전에 둔 도쿄는 이제 3월 11일 이전으로 되돌아갈 수 없을지도 모릅니다. 3월 11일 이전의 도쿄는 옛날이야기처럼 먼 과거가 되어 버릴지도 모릅니다. 하지만 바로 그렇기 때문에 그런 도쿄를 꼬옥 부둥켜안고 싶습니다.

서장

도시에서 만나는 타자와 나

당신의
정체는
무엇입니까?

한국·서울

> 서울에서 깨닫게 된 것은,
> '진정한 나'는 이미 내 안에 있다는
> 사실이었습니다

　최근 몇 년 동안 해마다 두세 번은 서울을 찾고 있습니다. 도쿄대학과 서울대학의 교환강의를 위해 보름쯤 머물기도 하고 취재를 위해 분주하게 보내기도 했는데, 찾아갈 때마다 거리가 변해 가는 것을 느낍니다.
　초고층 건물들이 들어서고, 가는 곳마다 영문자 'SEOUL'이 얼굴을 내밀고 있습니다. 예컨대 청계천은 서울의 변모를 가장 잘 보여 주는 장소 가운데 하나일 것입니다.
　시내를 흐르는 조그마한 인공 하천인 청계천은 이제 서울 사람들의 쉼터가 되었습니다. 하지만 예전에 이곳은 복개 하천이었습니다. 천 위에 거대한 고가도로가 설치되어 있는, 더럽고 어둑한 시궁창이었습니다. 그러던 것을 2005년에 도로를 철거하고 인공 하천으로 만든 겁니다.
　청계천을 따라 가게라고도 할 수 없는 허술한 가건물이 늘어서 있었던 예전과 지금의 광경은 굉장히 달라 보입니다. 아이들과 물놀이를 즐기는 가족들, 거리낌 없이 애정 표현을 하는 젊은 연인들의 모습이 눈에 띕니다.
　최근에는 젊은이들의 이런 대담한 행동에 놀라곤 합니다. 원래 유교 국가인 한국의 구세대들은 언짢게 생각할지도 모르겠습니다만, 저는 이것이야말로 평화가 이루어 낸 모습이구나, 하고 흐뭇해하고 있습니다.
　변해 가는 서울이 있다면 그 한편에는 변하지 않는 서울도 있습니다. 서울에 올 때마다 늘 사람들의 생생한 소음이나 거친 숨결을 피부로 느끼곤 합니다. 세련된 도쿄에 비해 어수선하기는 하지만, 그래도 일종의 생명력으로 가득 차 있습니다. 여러분도 한국으로 여행을 가면 그런 인상을 받을 겁니다.

대도시는 그 나라의 모습이 가장 솔직하게 드러나는 곳이라고 생각합니다. 그런데 서울에서는 생물로서의 도시가 땀을 흘리거나 눈물을 흘리는 것을 비교적 생생하게 느낄 수 있습니다. 그 배경에는 이 나라가 안고 있는 역사적 삐걱거림이 있습니다. 갖은 압제와 차별을 헤쳐 온 수난의 역사가 불협화음을 내면서 숨 쉬고 있는 거리, 그것이 서울이라는 도시일 겁니다.

그 인상은 서울에 첫발을 디딘 날부터 지금까지 변하지 않았습니다. 제가 처음으로 서울을 방문한 것은 1971년 스물한 살 때였습니다.

아시는 분도 있겠지만, 재일 한국인 2세인 저는 구마모토에서 나고 자랐습니다. 대학 시절까지는 줄곧 '나가노 데쓰오永野鐵男'라는 일본 이름을 썼습니다. 재일 한국인이라는 의식은 갖고 있었지만, 그것을 주위에 털어놓지 않고 십대를 보냈던 것입니다.

하지만 도쿄에서 대학 생활을 하면서 저는 일본인이 아니라는 것을 절실하게 느끼는 몇몇 사건에 직면했고, 제 아이덴티티가 흔들렸습니다.

나는 일본인인가, 한국인인가. 그 답을 간절히 바라면서도 어느 쪽도 되지 못하고, 어느 쪽에도 익숙해지지 않았습니다. 그런 상반된 감정을 안고 있었습니다.

한국을 처음 방문한 것은 그런 때였습니다. 서울에 살고 있는 숙부의 초대를 받고 온 제가 처음으로 본 또 하나의 '조국'의 모습은 충격적이었습니다.

당시의 한국은 박정희 독재 정권하에 있었으므로 거리 전체가 몸부림치고 있었던 것이라고 생각합니다. 군의 강권적인 지배 아래 있는 서울에는 어두운 분위기가 떠돌고 있었습니다. 변호사였던 숙부는 살림이 부유한 편이었습니다만, 한국 사회는 빈부 격차가 심하고 한 발짝만 밖으로 나가도 거리는 혼란스러웠습니다.

여성들은 비 내린 뒤의 흙탕물로 빨래를 했고, 누더기를 걸친 맨발의 소년들이 거리에서 구걸을 하고 있었습니다. 또 사람들이 마치 먹고 마시듯 오물을 토해 내고 있기도 했습니다. 비유적으로 말하면, 옷이 모두 풀어헤쳐져 있어 혈관이나 신경이 모조리 드러나 팔딱팔딱 뛰고 있는 바로 그런 느낌이었습니다. 오감으로 느껴지는 모든 것이 아무런 화장도 하지 않은 채 그대로 드러나 있었습니다.

이런 광경이 거대한 덩어리처럼 눈앞에 나타나 저는 압도당한 채 쩔쩔맸고, 말을 잃었습니다. 일본에서 나고 자란 저로서는, 역시 한국은 잘 모르겠다는 암담한 마음뿐이었습니다.

하지만 그와 동시에 어딘가 '정겨운' 느낌도 들었습니다. 재일 한국인들이 모여 사는 동네에서 자란 제게는 그와 비슷한 떠들썩한 기억이 남아 있었겠지요. 그것이 왈칵 홍수처럼 밀려들었던 것입니다.

일본에 있을 때는 깊이 간직해 두지 않으면 안 된다고 생각했던 노골적인 감각. 이제 그것을 좀 더 자연스럽게 직접적으로 표현해도 된다는 해방감을 맛보았던 것입니다. 서울 거리의 소음을 소나기처럼 맞다 보니 그런 생각이 강해져, 저 자신을 있는 그대로 받아들여 보자는 마음이 들었던 것입니다.

당시 숙부의 사무실은 청계천 가까이에 있었습니다. 유리창으로 둘러쳐진 현재의 동아일보 건물 근처였습니다. 한국으로 건너와 한 달쯤 지난 어느 날 저녁, 사무실 건너편에 있는 커피숍에서 귀가를 서두르는 사람들의 물결을 멍하니 바라보고 있을 때 제 가슴에는 뭐라 말할 수 없는 심정이 복받쳐 올랐습니다.

여기에도 일본과 똑같은 석양이 있다, 어디나 그렇듯 여기에도 사람들의 삶이 있다는 소박한 감동이었습니다. 굳어 있던 마음이 조용히 풀리는 것을 느꼈습니다. 석양으로 물드는 서울을 저는 진심으로 사랑스럽다고 생각했습니다.

이런 서울에서의 '나 찾기' 끝에 저는 '강상중姜尙中'이라는 이름을 쓰기로 결심했습니다.

당시를 돌아보면, 그 무렵의 저는 '지금의 나는 거짓이다', '진정한 나는 어딘가 다른 곳에 있다'고 생각했습니다. 그러나 그렇지 않았습니다. 서울에서 깨달은 것은, '진정한 나는 이미 내 안에 있다'는 것이었습니다. 그리고 그것을 찾을 수 없었던 것은, 저 자신이 그것을 깨달으려고 하지 않았기 때문이었습니다. 제가 그것에 눈감고 있었기 때문이었습니다.

여러분 중에도 아마 '자기 찾기'를 하고 있는 사람이 있을 겁니다. 하지만 '진정한 자기' 같은 건 없습니다. 있는 것은 지금 거기에 있는 자신뿐입니다. 그러므로 중요한 것은 우선 있는 그대로의 자신을 깨닫는 일입니다. 그리고 자기 안의 모순을 그대로 껴안고 모든 것을 받아들이는 것입니다. '자기 찾기'의 여행에 필요한 것은 바로 그 각오와 담력입니다.

> 몇 개의 자신을 받아들임으로써
> 자신의 새로운 가능성을
> 발견할 수 있습니다

 일본과 한국이라는 두 조국 사이에서 흔들린 끝에 저는 마침내 일본 이름 '나가노 데쓰오'를 버리고 '강상중'으로 이름을 바꾸는 결단을 내렸습니다. 그것으로 저는 확고한 아이덴티티를 얻었을까요? 안타깝게도 그렇지는 못했습니다. 그렇게 단순한 것이 아니었습니다. 기대와 달리 그것은 오히려 제 안에 모순을 만들어 냈습니다.

 애초에 '아이덴티티(셀프 아이덴티티)'란 무엇이었을까요? 간단히 말하면 '나는 어떤 사람인가' 하는 문제인데, 사실 아이덴티티는 한국어로 '정체성'을 의미합니다. 사람은 몇 개의 가면, 즉 페르소나를 쓰고 있는데 그 가면을 벗으면 그 사람의 정체가 보인다는 것이지요.

 한편 일본에서는 '(자기)동일성'으로 이해됩니다. 원래의 어의를 보면, 이것에 좀 더 가까운지도 모르겠습니다. 즉 '나는 어떤 사람인가' 하는 것은 어떤 것과 일치함으로써 명확해진다는 생각입니다.

 예컨대 '여성이라면 이렇다', '일본인이라면 이렇다'라는 어떤 것something이 있고, 그 어떤 것에 가까운가, 먼가, 벗어났는가에 따라 자신의 아이덴티티가 결정됩니다.

 그러나 요즘 저는 '정체성'에도 '동일성'에도 그다지 속박되지 않는 게 좋지 않을까 생각합니다. 왜냐하면 사람에게는 몇 개의 '얼굴'이 있는 것이 당연하고, 동일성에 집착하면 사실 굉장히 갑갑해져 어쩐지 쇠사슬에 묶인 것처럼 되어 버리기 때문입니다.

제가 아직 '나가노 데쓰오'였을 때 재일 한국인들에게 종종 이런 이야기를 들었습니다.

"너, 이건 거짓 삶이야."

"우리한테는 유구한 역사를 가진 민족의 훌륭한 이름이 있지 않은가."

저 자신도 그때는 그렇게 느꼈습니다. '나가노 데쓰오'라는 이름은 바로 제 정체를 숨기는 '탈'이고, 그것을 벗으면 자신의 정체를 들키고 만다고 생각한 것이지요.

하지만 잘 생각해 보면 그것은 이상한 이야기입니다. 저는 그때까지 내내 '나가노 데쓰오'로 살았고, 그 안에서 많은 사람들과 만나 왔습니다. '나가노 데쓰오'야말로 저 자신이었다고 말할 수 있는 것입니다. 실제로 부모님은 돌아가시기 전까지 저를 '데쓰오'라고 불렀습니다.

그러므로 아이덴티티라는 것은 몇 개의 면을 가지고 있는 것이라고 말할 수 있습니다. 어느 것이 진짜이고 어느 것이 거짓이냐는 문제는 그렇게 간단히 정할 수 있는 게 아닙니다.

'나'에게는 몇 개의 얼굴이 있고, 일본에는 몇 개의 일본이 있고, 한국에는 몇 개의 한국이 있습니다. 어떤 개인이든, 어떤 국민이든 몇 개의 정체를 갖고 있습니다.

그러한 복수성에 눈뜨고 그것을 받아들임으로써 자신 안에서 몇 개의 자신을 발견해 가는 것, 바로 그것이 '아이덴티티의 작법作法'이라고 저는 생각합

서울의 관광 명소를 돌아본 날, '창덕궁'(16쪽)은 조선 시대 옛 서울의 모습을 지금까지 간직하고 있는데, 오가는 관광객 중 서구인이 많아 "아시아 이외의 나라에서 온 여행자가 늘어난 것에 놀랐습니다" 하는 강상중 교수. 특히 2001년부터 일반인에게 공개된 삼청각(24쪽 위)은 박정희 독재 정권 시절 국빈을 접대하거나 정치 회담을 갖는 장소로 이용되었다. 서울이 한눈에 내려다보이는 테라스는 현재 카페가 되어 있다. 그는 '이런 데에 내가 들어갈 수 있다니' 하는 감개무량한 표정이었다.

니다.

받아들인다는 것은 소극적인 체념과는 다릅니다. 갈등이나 적극적인 노력 끝에 그것을 허용해 가는 것입니다. 그 결과 새로운 자신을 만나기 때문에, 어떤 의미에서 그것은 굉장히 스릴 있는 일이기도 한 것이지요.

그러므로 역으로 동일성 안에서 졸고 있는 사람은 의외로 무료한 인생을 보내는 것이 아닐까요. 얼핏 안정된 것처럼 보이지만, 사실 자신 안에 존재하는 가능성을 떨쳐 버리는 것입니다.

저 자신이 그랬습니다. 갑자기 '나가노 데쓰오'를 버리고 열심히 내셔널리스트가 되려고 했을 때, 저는 저 자신을 좁은 골목 안으로 몰아넣었던 것입니다. 강한 것처럼 보이지만 실은 굉장히 협량하여 세계가 보이지 않았습니다. 타자가 비집고 들어올 틈도 없었습니다. 만약 그대로였다면 자신 안에서 뭔가를 새롭게 발견하는 길을 스스로 닫아 버리게 되었을 겁니다.

우리에게는 '원래의 나'에 매달리고 싶어 하는 경향이 있습니다. '원래 일본인이라면, 이런 일은 하지 않아', '여성이라면 원래 이렇지 않으면 안 돼' 같은 말을 합니다. 하지만 그것은 허구가 아닐까, 의심해 보는 것이 무엇보다 중요합니다.

확실히 고정되어 있으면 겉으로는 안심이 되겠지만, 그것이 변화의 흐름을 막아 버리게 되어 오히려 내면에서는 변화를 두려워하게 되고 불안감만 커집니다. 고대 그리스의 헤라클레이토스는 "만물은 유전流轉한다"고 했습니다. 사실 인간의 마음은 흘러가는 것이 더 자연스럽습니다.

그런데 오늘날에는 '부동不動의 나' 또는 '확고한 아이덴티티'라는 것이 선망의 대상이 되고 있습니다. 이만큼 불확실한 시대도 없었으니까요. 모든 것이 너무나 빨리 변해 가는 세상에서 사람들은 변하지 않는 것을 간절히 바라는 것이겠지요.

하지만 현실에서는 확실한 안정을 얻는다는 것이 불가능합니다. 그 결과 자신이 안고 있는 불안이나 울분이 부정적 에너지가 되어 타자에게 분출되는 것인지도 모릅니다. '저놈은 형편없어', '저놈보다는 내가 나아'라는 타자 멸시나 타자 공격으로 남들보다 강해지려는 것입니다. 이는 요즘 시대가 안고 있는 큰 문제입니다.

결국 이 모두가 자신감을 갖고 싶다는 심리의 표현입니다. 뒤집어 말하면, 모두가 불안감을 안고 있다는 뜻이겠지요. 하지만 바로 그 불안 안에 새로운 가능성이 있다고 생각해 주었으면 합니다. 다시 말해 인간은 누구나 다양한 가능성을 숨기고 있는 '보물'이라는 것입니다. 그러므로 자신감이 없음을 부정하지 않아도 됩니다. 그것은 그것대로 받아들이면 되는 것입니다.

그것을 가능하게 해주는 장소가 바로 '도시'가 아닐까요.

사람은 모르는 타자와 교류함으로써 자신의 새로운 정체를 깨닫게 되는 법입니다. 그때 자신 안에서 자신이 몹시 싫어하는 타자를 발견하게 될 수도 있습니다. 하지만 그것을 받아들임으로써 타자는 무척 가까운 존재가 되는 것입니다.

도시란 바로 그런 타자를 만나는 장소입니다. "도시는 인간을 자유롭게 한다"는 말이 있는데, 그것은 이러저러한 배경이나 과거를 짊어진 사람을 받아들이면서 도시가 구축되어 왔기 때문입니다.

그리고 그곳에서 사는 사람 역시 서로가 그것을 받아들여 갑니다. '도시에서 산다'는 것은 그런 거라고 생각합니다.

1장

비일상적인
공간을
찾아서

마음의 성역을 찾아서

메이지신궁
明治神宮

시부야 구 요요기카미조노초
澁谷区代々木神園町

최근에는 영적인 것이 붐인 것 같습니다. 잡지에서 이세(伊勢)신궁의 특집 기사를 기획하기도 하고, 도심의 절에서 사경(寫経)이나 좌선이 유행하기도 합니다. 젊은 사람들이 신사나 절에 발을 들여놓을 기회가 예전에 비해 늘어난 게 아닐까요.

그런 사람들이 모두 독실한 신앙심을 가진 것은 아닐 것입니다. 절에서 불교의 교의를 배운다기보다는 절의 다실에서 한숨을 돌립니다. 종교적인 의미가 있다기보다는 좀 더 일상과 직결된 공간으로 생각하고 있는 것 같습니다.

이러한 현상에 비판적인 사람도 있습니다. 너무 가볍게 생각하는 게 아닌가 하고요. 설날에는 신사에 가고 결혼식은 교회에서 하고 죽으면 불교식으로 하다니, 일본인은 불경스럽지 않으냐고 말이지요.

다만 그것을 종교나 사상이라는 면에서 얼밋얼밋하고 애매한 것이라며 부정적으로 볼 필요는 없을지도 모릅니다. 여러분 중에도 설날에 하쓰모데를 하는 사람이 많을 줄 압니다. 그런데 일본에는 원래 신도와 불교를 절충하고 조화시키는 신불습합(神佛習合)의 역사가 있었습니다. 그러므로 그것이 꼭 신을 가볍게 여기는 행위라고는 생각지 않습니다. 오히려 거기에는 '신'이나 '종교'로는 좀처럼 얻을 수 없는 좀 더 일상적이고 절실한 위로나 구제가 있는 게 아닐까요.

그런 것도 우리 현대인이 실로 악센트가 없는 시간과 공간을 살고 있기 때문입니다. 옛날에는 이를테면 일본인의 민족적인 관습으로서 '하레ハレ'와 '게ケ'의 리듬 같은 것이 있었습니다. '하레'는 이른바 관혼상제나 신성한 행사 등 격식을 차리는 자리를 말합니다. 이때는 나들이옷을 입거나 특별한 음식을 먹

사경 부처님의 말씀인 경전을 베껴 쓰는 일.(옮긴이) 하쓰모데 새해 첫날 신사나 절에 참배하는 일.(옮긴이)

습니다. 한편 '게'는 보통의 생활, 일상성을 나타냅니다. 예전에는 이 둘이 구별되었다고 생각하는데, 정보화와 소비사회화가 이만큼 진행되자 '하레'와 '게'의 구별이 모호해졌습니다.

한때 "24시간, 싸울 수 있습니까"라는 광고 문구가 있었습니다. 어떤 의미에서 현대사회는 하루하루가 '하레'이고, 하루하루가 '게'인 사회입니다. 그렇게 되자 밋밋한 시간이 24시간, 365일 계속됩니다.

특히 도쿄 같은 대도시는 더욱 그렇습니다. 무기질인 빌딩이 즐비하고 거리도 사는 사람도 획일화되고 심신이 모두 바짝 말라 갑니다. 그래서 다들 어딘가에서 마음의 따뜻함, 마음의 성역을 찾는 것이겠지요.

사실 이것은 도시가 계속 팽창하고 있을 때는 사람들에게 그다지 의식되지

"24시간, 싸울 수 있습니까" 1988년에 발표된 영양 드링크제 리게인의 광고 문구다. '기업 전사'로 불리며 잠도 자지 않고 일했던 거품경제기의 샐러리맨을 소재로 한 광고였다.

않습니다. 이를테면 지금의 베이징이 그렇습니다. 한 도시에 전 세계의 크레인을 다 모아 놓은 것 같은 상황에서 돌관공사를 하고 있습니다. 도시 자체가 발정 상태가 되어 다짜고짜 앞으로만 나아가고 있는 상황입니다.

그런 상황에서는 마음의 성역을 돌아보지 않습니다. 그것은 잃고 나서야 비로소 알게 되는 것입니다. 즉 도쿄는 일단 그러한 발정기가 끝났다는 것입니다.

다행스럽게도 도쿄에는 자연의 풍경에 녹아든 신사나 오랜 역사를 지닌 절이 꽤 많이 남아 있습니다. 그리고 가본 사람이라면 알겠지만, 이러한 공간에는 '하레'와 '게'를 순간적으로 가르는 힘이 있습니다.

이유는 거기에 "신이 존재하기 때문"이 아니라 그곳이 평범한 일상적 공간과는 분명히 다른 이질적인 공간이기 때문입니다. 도시의 편리함이나 효율성 또는 돈으로 환산할 수 있는 가치와는 다른, 존재하는 것만으로도 의미가 있는 장소이기 때문입니다. 그런 까닭에 그런 곳에 가면 뭔가 경건한 마음이 들어 고개를 숙이게 되는 것이겠지요.

제게도 마음이 경건해지는 장소가 있습니다. 사이타마 현에 있는 고마高麗 신사입니다. 예전 사이타마에 살던 무렵에는 자주 놀러 갔습니다. 이곳은 일본에 도래한 고구려 왕족의 후예가 구지宮司를 맡고 있는데, 어딘가 한국 경주의 풍경과 비슷합니다. 신앙과는 상관없이 마음이 차분히 가라앉는 장소 가운데 하나입니다.

또 이번에 방문한 메이지신궁도 숙연한 공간이었습니다. 목제로는 일본 최대라는 거대한 도리이鳥居 밑을 지나면 넓은 숲이 펼쳐집니다. 다이쇼시대에

돌관공사 공사 기간을 앞당기기 위해 장비와 인원을 집중적으로 투입하여 한달음에 해내는 공사.(옮긴이)   구지 신사의 제사를 맡은 최고위 신관神官.(옮긴이)   도리이 신사 입구에 세우는 기둥문.(옮긴이)

이 신궁을 세울 때 사람들이 나무를 심어 만든 숲이라고 하는데, 바로 진주노모리鎭守の森 같은 느낌입니다. 평소에는 욕망의 덩어리 같은 이도 그 도리이 너머로 가면 마음이 씻기고 엄숙해지지 않을 수 없습니다.

확실히 메이지신궁의 연혁은 메이지 국가의 역사와 따로 떼어 생각할 수 없고, 역사적으로 보면 마음이 복잡해집니다. 그래도 이러한 공간이 존속하는 것은 나름대로 큰 의미가 있어서라고 생각합니다.

살벌한 도시 공간에서는 조신한 마음이나 기도로 가득한 마음을 잃어버리기 십상입니다. '어차피, 뭐', '아, 또야' 하며 사람이나 사물을 자기 형편에 맞게 다룹니다. 사람은 경건해질 수 있는 장소가 있어야 비로소 자신의 오만함을 제어할 줄 알게 되고, 사욕이 없는 기도를 할 수 있는 것입니다.

진주노모리 신사에 부수되어 참배하러 가는 길이나 참배하는 곳을 둘러싸고 있는 삼림.(옮긴이)   메이지 국가의 역사 메이지시대에 청일전쟁과 러일전쟁에서 승리하면서 한반도에 대한 영향력을 키워 갔던 일본제국은 1910년 대한제국을 병합했다. 한반도는 일본제국의 영토가 되었고 1945년 태평양전쟁이 끝날 때까지 영유가 이어졌다.

메이지신궁은 1920년(다이쇼 9년)에 메이지 천황과 쇼켄昭憲 황태후를 제신祭神으로 하여 창건되었다. 총면적 약 70만 제곱미터로, 무려 도쿄돔의 15배나 되는 넓이다. 본전本殿은 2차 세계대전 때 소실되어 1958년에 재건되었다. 한편 도리이는 높이 12미터, 폭 17미터, 기둥의 두께는 1.2미터다. 수령이 1500년이나 되는 회나무로 만들어져 있어 지금도 회나무 향기가 난다. 메이지신궁을 방문한 것은 사실 이번이 처음이라는 강상중 교수. 약간 당혹해하면서도 "황거皇居보다 넓은 데 놀랐습니다. 자연스럽게 마음이 엄숙해지네요" 하며 참배했다.

우리는 인생에서 사람의 지혜를 넘어선 것을 자주 만납니다. 자신의 힘으로는 도저히 바꿀 수 없는 것, 기존 척도나 가치관으로 환원할 수 없는 것, 그리고 다른 사람의 죽음과도 만납니다. 그리고 무력감을 느꼈을 때 사람은 자신을 넘어선 뭔가에 경외심을 갖고, 거기에서 뭔가를 얻고 싶어 하는 게 아닐까요. 그때 뭔가 믿을 만한 것이 피안에 있다는 것은 대단히 소중한 것이리고 생각합니다.

물론 거기에서 '신'으로 가는 길은 아직 멀겠지요. 하지만 최근에는 거기까지 가느냐 가지 않느냐는 그다지 중요한 것이 아니라는 생각이 듭니다. 왜냐하면 결국 우리는 스스로 인생의 중요한 문제에 대해 결단해 나가야 한다고 생각하기 때문입니다.

현대는 '신들의 시대'라고 불리고 있습니다. 글로벌화가 진행되어 엄청난 변화가 일어나고 있는 반면에 흔들림 없는 부동의 진리, 즉 절대적인 신을 찾는 움직임이 전 세계에서 일어나고 있습니다. 일본에서도 옴진리교 같은 사건이 일어나기도 하고, 영적인 것에 기대어 누군가의 계시나 수호신의 인도에 매달리는 사람들도 있습니다.

하지만 중요한 것은 역시 그 사람 자신의 자유로운 결단을 통해 인생의 의미를 발견해 나가는 것이 아닐까요. 당연히 거기에는 괴로움이나 고통이 따릅니다. 하지만 그것이야말로 인생이며, 진지하게 고민하거나 생각하지 않고는 '신'과도 마주할 수 없는 것이라고 생각합니다.

마음을
헤아리다,
마음을
흔들다

국립신미술관
国立新美術館

미나토 구 롯폰기
港区六本木

20대가 끝나갈 무렵 한 점의 그림을 만나 인생이 바뀌는 듯한 깊은 감동을 받은 적이 있습니다. 16세기 초에 활약한 알브레히트 뒤러라는 독일 화가의 자화상이었습니다.

그때 저는 독일 뉘른베르크 근교의 대학에 유학하고 있었는데, 어느 날 그리스인 친구의 권유로 그의 부모가 있는 뮌헨까지 함께 가게 되었습니다. 그때 뮌헨에서 가장 오래된 알테 피나코테크라는 미술관에 갔고, 우연히 그 작품과 만났습니다.

결코 큰 작품이라고는 말할 수 없지만 어슴푸레함 속에 이 그림만이 확 떠올라 있는 것처럼 보여 빨려들듯이 그 앞에 섰습니다. 〈1500년의 자화상〉이라 불리는 작품으로 뒤러가 스물여덟 살 때 그린 자화상이었습니다.

캔버스 중앙에 조용히 이쪽을 보고 있는 뒤러가 그려져 있었습니다. 가슴께에 손을 대고 있어 예수 그리스도의 성상을 연상케 하는 구도였습니다.

그 얼굴이 행복이나 기쁨으로 가득 차 있지는 않았습니다. 소리 높이 주의 주장을 외치고 있는 것도 아니었습니다. 그러나 회의나 주저함이 전혀 없는 투명한 표정이었습니다. '내 운명을 모두 받아들이고 나는 여기 서 있다.' 그런 조용한 결의가 느껴지는 그림이었습니다.

뒤러가 살았던 15세기 말부터 16세기 초까지 유럽은 종교전쟁이 끊이지 않는 내전 상태나 다름없었습니다. 절망과 회의 속에서 많은 사람들이 자신을 잃어 가고 있었겠지요. 하지만 그는 경건함을 잃지 않았습니다. 자화상의 시선에서 그처럼 흔들림 없는 신념을 느꼈습니다.

한편 이 그림과 대면했을 때의 저는 흔들리고 또 흔들리고 있었습니다. 뒤

알브레히트 뒤러 Albrecht Dürer, 1471~1528. 15세기 말부터 16세기 초에 걸쳐 활약한 독일 화가. 금은세공 직인의 아들로 태어나 아버지에게서 묘사의 기초를 배웠다. 회화 외에도 뛰어난 판화 작품을 다수 남겼다.

러가 바로 이 그림을 그렸을 때와 비슷한 나이였는데, 대학을 졸업하고 엑소더스(국외 탈출)처럼 독일로 갔지만 장래의 전망이 보이지 않아 우울한 나날을 보내고 있었습니다.

대학에 다닐 때는 '자이니치(재일 한국인)'로서 사회운동에 참여했습니다. 하지만 외국에서 혼자가 되고 보니 제가 서 있는 그런 위치가 돌연 허구처럼 생각되었고, 자신이 보이지 않게 되었던 것입니다.

바로 그런 때였으니 뒤러의 시선이 가슴을 쿡 찔렀던 것이겠지요. 그의 자화상을 보고 있으니 오히려 그가 저를 보고 있는 것처럼 느껴졌습니다. '넌 누구냐' 하고 묻고 있는 듯했습니다.

저는 그림 앞에서 꼼짝할 수가 없었습니다. 자화상에 비하면 나는 얼마나 한심한 얼굴을 하고 있단 말인가, 하고 말이지요. 뭘 그리 비트적거리며 방황하고 있느냐, 하며 말이지요. 그리고 깨달은 것은 불안한 것도, 불확실한 것도 결국 받아들일 수밖에 없다는 것이었습니다.

'모든 것을 받아들이고 똑바로 서라.' 뒤러에게서 그런 메시지를 받고 어둠 속에 있던 저는 구원을 받았습니다.

그림은 보는 사람의 정신세계와 섞이며 한순간에 불꽃이 터지는 듯할 때가 있습니다. 시각을 통해 직감적인 번쩍임이 일어납니다. 뒤러의 작품이 바로 그러했습니다. 그의 자화상이 거울이 되어 저 자신의 자화상을 비추었던 것입니다. 예술이란 그런 힘을 간직하고 있는 것 같습니다.

이번에 찾아간 국립신미술관에서는 피카소의 대규모 회고전을 보았는데, 피카소도 역시 많은 사람들에게 영향을 준 위대한 예술가입니다. 창조성이 풍

2007년 개관한 롯폰기의 국립신미술관. 참신한 디자인으로 열린 미술관 만들기에 성공해 개관 1년 만에 전시회 입장객 300만 명을 돌파했다. 최근에는 "마음을 편하게 해주는 미술 작품을 좋아한다"는 강상중 교수. "밀레의 질박한 그림이나 르누아르의 선명한 색채에 끌리게 되었습니다. 또 서울의 국립중앙박물관에 있는 국보 반가사유상도 좋아합니다. 석가모니가 깊이 명상하는 모습은 온화하고 생기가 넘치며, 자비를 드리우고 있어 무척 마음이 편해집니다."

부한 그의 추상화와 대면하는 것은 그 자체로 자극적이고 거대한 악센트가 됩니다. 마음이 누그러지거나 치유되는 느낌을 주는 그림이 아니기 때문에 감상하는 쪽에도 체력이 필요합니다.

이런 의미에서 피카소는 인간의 '청춘지수'를 재는 바로미터가 되는 거라고 생각합니다. 죽기 직전까지 사랑과 에로스의 세계를 잊지 못한 사람이었으므로 이것은 대단한 청춘의 힘이라고 생각합니다.

저도 예전에는 추상화를 좋아했습니다. 하지만 최근에는 마음을 편하게 해주는 예술을 찾게 되었습니다. 나이 탓에 청춘의 힘이 떨어진 것이겠지요. 그래서 이제 제게 피카소는 자주 보고 감상하기에는 부담스러운 화가가 됐지만, 오랜만에 보고 아주 좋은 자극을 얻을 수 있었습니다.

그리고 국립신미술관은 그 자체가 예술성이 높은 건물이었습니다. 2007년에 세상을 떠난 건축가 구로카와 기쇼 씨가 디자인한 건물입니다. 저는 이번에 처음 방문했는데, 먼저 참신한 외관에 놀랐습니다. 보통 유리를 두른 건물은 차가운 인상을 주는데, 이 벽면은 물결치는 듯한 아름다운 곡선을 그리고 있어 마치 백자 같은 온화함이 있고 에로틱한 느낌마저 주었습니다.

안으로 들어가자 개방적인 공간이 펼쳐져 있었습니다. 계절이나 시간에 따라 시시각각 변해 가는 빛이 그러데이션처럼 비쳐 들어 편안한 공간을 만들어 내고 있었습니다. 미술관에 흔히 있을 법한 무뚝뚝한 분위기는 찾아볼 수 없었습니다.

그저 진기함을 자랑하는 것이 아니라 오서독시(Orthodoxy, 정통)에 입각한 신기함이어서 신경을 지치게 하지는 않았습니다. 그런 의미에서 구로카와 씨

구로카와 기쇼 黑川紀章, 1934~2007. 일본을 대표하는 건축가. 나카긴캡슐타워中銀カプセルタワー나 국립민족학박물관 등 다수의 대표 건축물이 있다. 국제적으로도 유명하여 해외의 작품도 많다. 2007년에 도쿄 도지사 선거에 출마했지만, 그해에 갑자기 세상을 떠났다.

는 전통과 혁신을 무척 잘 알고 있는 사람이었을 거라고 생각했습니다.

현대사회에서 미술은 종교를 대신하는 일종의 '성지'라고 생각합니다. 신사나 절을 찾는 것과 마찬가지로 속된 인간들은 미술의 문을 열고 바깥 세계와는 다른 뭔가를 느끼려고 찾아옵니다. 신 없는 시대를 살아가는 우리에게 그것은 한없이 종교적인 체험에 가까운 것입니다.

그렇게 생각하면 국립신미술관이 롯폰기에 생겼다는 것도 무척 의미 있는 일로 여겨집니다. 이곳은 글로벌 자본주의를 상징하는 거리, 보편적 이념이 없는 포스트모던을 상징하는 거리입니다. 그러므로 그 지역에 현대의 성지로서 미술관이 필요했던 것이 아닐까요.

그렇다면 사람들은 왜 그렇게까지 예술에서 가치를 찾아내려 하는 걸까요. 그것은 결국 예술이 교환 불가능한 것, 유일무이한 것이기 때문입니다.

이 세계에 존재하는 것은 대부분 교환할 수 있습니다. 물건만 그런 것이 아닙니다. 인간도 얼마든지 대체할 수 있다고 보고 있습니다. '사랑'조차 교환할 수 있다고 생각하는 사람이 있습니다. 하지만 예술 작품은 비교할 수는 있어도 교환할 수는 없습니다.

그러므로 권력자도 예술가에게 집착하는 게 아닐까요. 비근한 예를 들자면, 도요토미 히데요시는 왜 그렇게까지 센 리큐에게 집착했을까요. 그것은 어떤 절대군주도 예술에는 당해 내지 못하기 때문일 겁니다. 유일무이하다는 점에서 예술은 한없이 신에 가까운 존재인지도 모릅니다.

센 리큐 千利休, 1522~1591. 일본 센고쿠戰國시대에 다도를 정립한 것으로 유명한 인물이다. 1587년에는 도요토미 히데요시의 총애를 받아 위세가 절정에 달했고, 일본의 모든 다기와 다도의 평가는 그에 의해 이루어졌다. 그러나 1591년 도요토미 히데요시와 충돌하여 결국 할복하라는 처분을 당했다.(옮긴이)

포시즌스 호텔
마루노우치 도쿄
フォーシーズンズホテル
丸の内 東京

지요다 구 마루노우치
千代田区丸の内

비일상성을
연출하는
다른 차원의
공간

호텔이라는 장소는 실로 다채롭습니다. 만남이 있고 헤어짐이 있습니다. 편히 쉴 수 있는 장소이고 옷깃을 여미는 장소이며, 때로는 음탕한 장소가 되기도 합니다. 또 근래에는 특별한 이벤트나 스파 등의 오락이나 서비스도 빠질 수 없는 요소가 되었습니다. 요즘의 호텔은 무척 많은 기능을 합니다.

그것도 호텔을 일상적으로 이용하는 사람이 늘었기 때문이겠지요. 특히 도심에서는 그런 것 같습니다. 일상과 차별화를 꾀하려면 다른 차원의 공간을 연출하지 않으면 안 됩니다. 어떻게 비일상성을 연출할 것인가, 어느 호텔이든 그런 분위기를 조성하려고 공을 들이고 있습니다.

동시에 호텔은 마음을 푹 놓을 수 있는 편한 분위기나 쾌적한 환경amenity도 중요한데, 그 균형을 맞추기가 무척 어려울 것 같습니다. 일상의 연장이어서는 만족감이 없지만 일상과 단절되어도 마음 편하게 쉴 수 없습니다.

그런 점에서 저는 유럽의 작은 호텔을 좋아합니다. 개성적이면서 객실이 적고 어딘가 손수 만든 것 같은, 그런 느낌이 저는 좋습니다. 언젠가 베를린에서 묵었던 호텔은 현대적 예술 감각이 넘치는 바우하우스 같은 곳이었습니다. 레스토랑은 온실처럼 녹음이 우거져 있고 작은 새가 지저귀고 있었습니다. 게다가 서비스가 세심해서 아침에는 손수 만든 맛있는 빵이 나왔습니다. 가정적인 분위기여서 무척 편한 마음으로 지낼 수 있었지요.

이번에 방문한 포시즌스 호텔 마루노우치 도쿄는, 요즘 도쿄에 늘어나고 있는 외국자본 계열의 고급 호텔 가운데 하나입니다. 객실 수가 57실로 적은 편이고 분위기도 아주 차분하고 얌전합니다. 디자인은 현대풍 유행을 따르고 있어 놀랍도록 심플합니다.

과도한 것, 장식적인 것이야말로 가치가 있다고 여겨지던 시대도 있었습니다. 그러나 거품경제가 붕괴된 이래 다들 심플한 것이 우아하고 가치 있다는 데 합의하게 되었습니다. 이곳에도 그런 시대감각이 반영되어 있었습니다.

또 도쿄 비즈니스 가의 중심지이기도 해서 일부러 과도한 연출을 피한 것이겠지요. 주변에 활기가 넘치니 반대로 여기서는 힘을 빼고 긴장을 풀 수 있게 한 것입니다. 그런 콘셉트가 아니었을까요.

창 너머로는 이곳이 아니면 볼 수 없는 고유한 풍경이 펼쳐집니다. 건물 바로 옆을 선로가 지나고 있습니다. 가까이서 신칸센의 발착을 바라보며 머물면 여정이 한층 돋워지는 듯합니다. 게다가 날이 저물면 마루노우치의 아름다운 야경을 조망할 수 있습니다. 무심코 넋을 잃고 바라보고 있자니 문득 옛일이 떠올랐습니다.

학창 시절, 파란색으로 칠해진 야간 침대열차를 타고 도쿄에서 고향 구마모토로 가는 걸 무척 좋아했습니다. 저녁 무렵 도쿄 역에서 열차를 타고 다음 날 아침 눈을 뜨면 도회와는 딴판인 경치로 일변해 있습니다. 한가로운 풍경이 펼쳐지는 가운데 지나치는 역들은 통근이나 통학하는 사람들로 북적이고, 사람들의 일상생활이 마치 파노라마처럼 비쳐듭니다. 저는 차창 너머로 멍하니 바라볼 뿐입니다. 신기한 체험이었습니다.

여행은 흔히 인생의 전기가 되기도 하고, 뭔가 특별한 의미가 있는 것으로 여겨지기도 합니다. 그것은 여행이 사람을 순수하게 '보는 사람'으로 만들기 때문이 아닐까요.

우리의 일상은 늘 뭔가를 위해 생각하거나 행동하는 것으로 채워져 있는데,

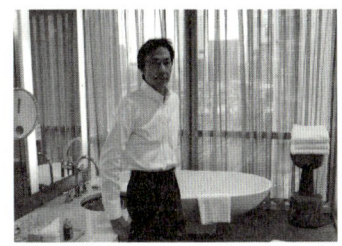
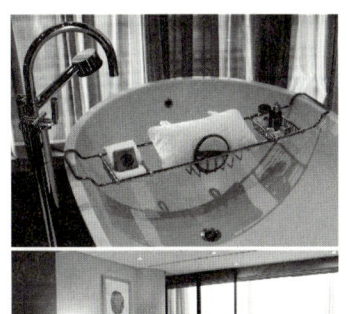

포시즌스 호텔 마루노우치 도쿄는 2003년 문을 열었다. 도쿄의 고급 호텔로는 드물게 연회장이 없고 규모가 작은 만큼 융숭한 서비스를 받을 수 있다. 마루노우치의 아름다운 야경을 보고 학창 시절에 읽은 모리무라 세이치森村誠一의 작품이 떠올랐다는 강상중 교수. "모든 추악함이 어둠 속에 묻히고 네온이 반짝이는 그 경치는 얼마나 아름다운가, 하고 도쿄의 야경에 대해 썼습니다. 모리무라 세이치는 호텔에 근무한 적도 있는 사람인데, 이와 똑같은 야경을 어딘가의 호텔에서 봤는지도 모르겠습니다."

여행을 떠나면 그것이 텅 비게 됩니다. '뭔가에 도움이 되니까'라는 생각과도, 공리적인 목적과도 전혀 상관없이 그저 '보는 사람'이 될 수 있습니다. 그렇다 보니 평소에는 보이지 않던 다양한 것들이 눈에 들어오는 것입니다.

이것은 영화나 그림을 보는 느낌과는 전혀 달라서, 바로 차창 너머의 경치를 그저 멍하니 바라보는, 그런 행동에 잘 드러나는 것 같습니다.

고대 그리스어에 '테오리아theoria'라는 말이 있습니다. 영어 'theory(이론)'의 어원인데, '보다', '바라보다'를 의미합니다. 고대 그리스의 철학자 아리스토텔레스는 '테오리아'가 인간의 행동 중에서 높은 순위에 있고, 최고의 행복이라고 말했습니다.

사물의 원리나 진리를 탐구하기 위해서는 실리적인 관심에서 벗어나 사물을 순수하게 바라볼 필요가 있다고 생각했기 때문입니다. 뭔가를 제작하는 '포이에시스poiesis'는 순위가 낮아, 당시에는 신분이 낮았던 여성이나 노예의 일이었습니다.

생각해 보면 현대사회에서는 세계가 항상 시각을 중심으로 움직이고 있지만, 순수하게 '본다'는 것을 잊어버리기 쉽습니다. 그러므로 여행하다가 문득 순수하게 '보는 사람'이 되어 있는 자신을 발견하면 몸이 정화되는 느낌이 듭니다.

그와 동시에 '보는 사람'이 됨으로써 자신이 어떤 사람인지를 볼 수 있게 됩니다. 애써 평소와는 다른 환경에 몸을 두고서도 여행을 즐길 수 없는 사람, 선물을 사느라 정신이 없어 경치가 눈에 들어오지 않는 사람도 있습니다. 일상의 여러 일을 휴대용품처럼 여행지까지 끌고 온 것입니다. 여행이 되지 않겠지요.

고등학생이었을 때 읽은 미키 기요시의 『인생론 노트人生論ノート』(1947)에

미키 기요시 三木淸, 1897~1945. 철학자. 다이쇼大正부터 쇼와昭和 중기에 걸쳐 활약했다. 독일에 유학하여 하이데거의 영향을 받았다. 2차 세계대전 말기에 공산주의자를 몰래 숨겨 주었다는 혐의로 체포되었고 패전 후에 옥사했다.

"그 사람이 어떤 사람인지 알고 싶다면 함께 여행을 떠나세요"라고 쓰여 있던 것을 인상 깊게 기억하고 있습니다. 하지만 그보다는 보는 자세에 바로 그 사람의 인간성이 가장 잘 나타나는 게 아닐까요.

애초에 호텔은 그렇듯 여행하는 사람들을 위한 숙소이기도 하지만, 숙박 기능뿐 아니라 '문화 장치'의 기능도 갖고 있었습니다.

일본에 호텔이 처음 생긴 것은 막부 말기였습니다. 그 후 호텔은 근대화된 시민의 생활양식을 일찌감치 도입했고, 여러 소설의 무대가 되어 왔습니다. 다양한 사람들이 모이는 호텔은 그 시대 문화의 담당자가 되기도 했습니다.

그런 점을 고려할 때 호텔은 불특정 다수에게 열린 장소여야 한다고 저는 생각합니다. 라운지를 개방해 미술품을 전시하거나 로비에서 콘서트를 열어 누구나 즐길 수 있는 살롱 같은 공간을 만들어 가는 것입니다. 공적 공간을 효과적으로 사용함으로써 호텔은 진정한 문화 장치가 될 수 있는 게 아닐까요.

다만 안타까운 것은, 요즘에는 고급 호텔일수록 '선택된 사람들만을 위한' 클럽 같은 요소가 강하고 보안도 철저합니다. 특별히 한정된 사람들만의 공간이 되고 있는 것이지요. 보안과 쾌적한 환경 사이에서 어떻게 균형을 잡을 것이냐는 문제가 앞으로 도시의 호텔이 해결해야 할 과제라고 생각합니다.

기노쿠니야 홀
紀伊國屋ホール

신주쿠 구 신주쿠
新宿区新宿

인생의 드라마트루기를 생각한다

신주쿠의 기노쿠니야 홀에서 극단 니토샤二兎社의 〈노래를 시키고 싶어 하는 남자들歌わせたい男たち〉이라는 연극을 봤습니다. 어느 고등학교 졸업식의 국가 제창을 둘러싼 이야기입니다.

해마다 졸업식이나 입학식 철이 되면 어디어디 고등학교에서 학생들이 '기미가요'를 부르지 않았다, 학교가 교사에게 기미가요를 강제했다는 뉴스가 화제가 됩니다. 그런데 교육의 장에서 '기미가요 문제'는 무척 생생한 문제입니다. 이 무대는 그런 심각한 주제를 너무 심각하지 않게, 매우 부드럽고 유머러스하게 그리고 있습니다.

당사자들은 무척 진지하지만 한 발짝 물러서서 보면 우스꽝스럽게 보이는 일이 종종 있습니다. 기미가요 추진파인 교장 선생님, 기미가요 반대파인 사회 선생님, 비정치적인 음악 선생님……. 웃어대는 사이에 그들의 마음이 저절로 드러나는 구성입니다. 하지만 곧 웃음은 페이소스로 변합니다. 국가 제창이 사람들의 마음의 상처와 관련된 문제이기 때문이겠지요.

무대의 창작자이자 연출가인 나가이 아이永井愛 씨는, 사회 전체를 조감할 수 있는 높은 시점을 가진 사람이라고 생각합니다. 그러므로 국가 제창이 좋거나 나쁘다고 밀어붙이지 않고 이 문제로 모두가 상처를 입을 수밖에 없는 비애를 입체적으로 그릴 수 있었을 겁니다. 이런저런 생각을 많이 하게 한 연극이어서 무척 감동했습니다.

최근에는 이렇게 연극을 볼 시간도 좀처럼 나지 않아 안타깝지만, 어렸을 때는 고향에 유랑 극단이 와서 자주 보러 다녔습니다. 장소는 시민회관 같은 곳이었는데, 역사극이나 흥행물 같은 것을 열심히 봤습니다.

〈노래를 시키고 싶어 하는 남자들〉 극단 니토샤의 대표작. 극작·연출은 나가이 아이, 주연은 도다 게이코戶田惠子. 2005년의 첫 공연 때 아사히무대예술상 그랑프리, 요미우리연극대상 최우수작품상 등 많은 상을 받았다. '기미가요 문제' 가사의 내용이 원래 천황가의 번영을 바란 것이기 때문에 국민주권 원칙이 자리 잡은 오늘날의 일본에는 어울리지 않는다고 생각하는 사람들이 '기미가요' 제창에 반대한다. 한편 '기미가요君が代'의 '기미君'는 '국민'을 가리킨다고 주장하는 사람들이 있어 서로 대립하고 있다.

그런데 그때는 어린 마음에 늘 신기했던 것이 있었습니다. 조금 전까지는 왁자지껄 떠들던 어른들이 막이 오르면 순식간에 찬물을 끼얹은 듯 조용하게 무대를 보았던 것입니다. 어쩐지 우스꽝스럽기까지 했습니다.

이것은 다양한 의식儀式의 신기함과도 통하는 데가 있습니다. 거짓인데도 다들 정중하고 아주 진지한 표정으로 일정한 시간과 공간을 공유합니다. 다들 마치 그것이 가치 있는 것이라고 생각하는 듯합니다. 의식에서는 그것이 성립해야 비로소 평소와는 다른 특별한 공간이 만들어집니다.

연극은 원래 종교적 의식에서 발생한 것이라고 하니, 공통된 구석이 있는 것이라고 생각합니다. 게다가 그것이 단순한 기분 전환 이상의 의미를 가진다는 데 연극 공간의 독자성이 있겠지요.

뭐니 뭐니 해도 무대는 영화나 텔레비전과 달리 '라이브'이니까요. 그 장소에서 단 한 번뿐인 것, 반복도 재생도 할 수 없는 것이 지금 눈앞에서 펼쳐지는

기노쿠니야 서점 신주쿠 본점 4층에 있는 기노쿠니야 홀. 1964년 개장한 이래 수많은 인기 극단이 공연한 유서 깊은 소극장이다. 강연 등의 일로 이 무대에 여러 차례 선 적이 있는 강상중 교수. "요즘에는 객석에 앉은 한 사람 한 사람의 얼굴이 잘 보이게 되었습니다." 그렇다면 만약 배우가 된다면 어떤 역을 하고 싶어요? "양면성이 있는 역할이 재미있을 것 같아요. 또는 굉장히 비겁한 난봉꾼이거나.(웃음) 하지만 저는 부끄러움을 잘 타는 사람이라 절대로 배우는 될 수 없을 겁니다."

것입니다. 또 무대에 서 있는 배우도 살아 있는 사람입니다. 아무리 제 역할의 연기를 잘해도 거기에 한 사람의 생생한 신체가 있는 이상, 그 배우의 실체가 완전히 소거되지는 않습니다. 그 배우를 통해서만 그 역할의 실체는 표현될 수 있는 것이지요. 어떤 의미에서 이것은 모순입니다.

하지만 이것이 연극의 재미있는 부분인데, 무대에서는 거짓이 진짜가 되고 진짜가 거짓이 되는 듯한 일이 일어납니다. 그때 극장은 어딘지 굉장히 굴곡이 많은 입체적인 공간이 되고, 농밀한 것과 희박한 것이 서로 싸웁니다. 서는 그 느낌을 무척 좋아합니다. 정보 시기가 발달해 얼마든지 재생할 수 있게 될수록 '라이브'는 더욱더 아우라를 발산하게 되지 않을까요.

그런데 연극을 할 때 배우들은 자신의 역할을 자각적으로 받아들인다는 의식이 있는 것 같습니다. 왜냐하면 거기에는 '거리'가 있기 때문입니다.

인생의 드라마투르기(연출법)에도 저는 이 '거리'라는 것이 필요하다고 생각합니다. 인생이라는 것이 자신의 이야기를 만드는 것이라고 할 때, 가족이나 성장 배경 등 자신이 어쩔 수 없이 받아들인 것과 거리를 두는 것이 중요하지 않을까요. 그리고 일단 거리를 둔 상태로 인생을 드라마로 받아들이는 겁니다. 어딘가에 또 하나의 눈을 갖지 않으면 자신과 그 역할의 관계에 일정한 거리를 만들 수 없습니다. 연출가처럼 조감할 수 있는 시점을 갖지 않으면 이야기를 잘 만들 수가 없는 것입니다.

그렇다면 그러한 시점을 갖기 위해서는 무엇이 필요할까요. 인생에서의 여유입니다. 여유란 돈이나 시간이 많다는 것을 의미하는 것이 아니라 자신을 뒤로 물리고 볼 수 있는 정신적인 폭이 넓다는 것을 의미합니다.

한마디로 말하면, 그것이 바로 '어른'이라는 것입니다. 아이는 자신에게 주어져 있는 것에 거리를 둘 수 없으므로 이야기를 만들어 낼 수 없습니다. 그러니 거짓말을 할 때도 금방 들통이 날 거짓말만 합니다.

한편 어른의 세계에서는 진실을 거짓으로 바꾸거나 거짓과 진실이 역전되는 일이 얼마든지 일어납니다. 연극에서는 그런 역전이 끊임없이 일어납니다.

어린아이처럼 "그건 거짓말이야"라고 말하는 것은 간단합니다. 또 "그건 가짜야"라고 비난하는 사람이 있을지도 모릅니다. 하지만 인생에서는 허구를 마치 가치가 있는 것인 양 받아들여야 할 때가 있습니다. 그럼으로써 힘과 힘이 노골적으로 부딪히는 일을 피할 수 있는 것입니다.

상대를 폭력으로 제압하거나 힘으로 굴복시키지 않고 청탁병탄으로 좀 더 나은 세계를 구축할 수 있습니다. 연극은 그 본보기이며, 〈노래를 시키고 싶어 하는 남자들〉도 바로 그런 이야기였습니다. 그러므로 연극은 굉장히 중요한

청탁병탄 清濁倂呑. 도량이 커서 어떤 사람이나 받아들이는 것.(옮긴이)

예술인 것입니다.

다만 자신의 인생에서 연극 같은 것을 하기란 어렵습니다. 왜냐하면 누구나 자신이 사랑스럽기 때문입니다. 저도 마찬가지입니다. 그래서 자신의 이야기를 만들 때는 아주 절실해져서 자기중심적이 되고 맙니다. 그 결과 과도한 자의식에 괴로워하게 되는 게 아닐까요.

하지만 만약 자신을 높은 데서 내려다보는 시점을 갖고 스스로 어떤 역할을 연기할 수 있다면 자아가 비대해지는 일은 없을 겁니다. 높은 데서 내려다보는 시점을 지니고 있다면 여러 역할을 맡는 것도 가능합니다. 서장에서도 말했습니다만, '자신'은 하나가 아닙니다. 여러 개의 '자신'을 연기함으로써 의외로 편해지는 일도 있습니다.

그러므로 여러 가지 페르소나, 즉 가면을 쓰고 거짓이든 어떤 것이든 일단 해보는 겁니다. 그리고 자기 인생의 연출가가 되어 자신을 창작하고 연출하는 겁니다.

그때 비로소 사람은 픽션의 가치를 알게 되는 것인지도 모릅니다.

산자마쓰리
三社 祭

다이토 구 아사쿠사
台東区淺草

혼돈 속에서
보는
삶과 죽음의
리듬

올 5월 아사쿠사 산자마쓰리에 다녀왔습니다. 산자마쓰리라고 하면 아사쿠사 신사의 예대제로, 도쿄를 대표하는 마쓰리 가운데 하나입니다.

안타깝게도 마쓰리의 클라이맥스인 '본사本社 가마 행차'가 중지되었지만, 각 동네의 가마가 거리를 누비는 모습은 용감하고 씩씩해 활기 넘치는 분위기를 맛볼 수 있었습니다. 마침 제가 간 날이 일요일이기도 해서 여성이나 어린이들도 즐길 수 있는 평온함이 인상적이었습니다.

마쓰리의 추억이라고 하면 역시 중학 시절이 떠오릅니다. 그때가 가장 가슴 설레는 나이가 아닐까요. 해가 뉘엿뉘엿 저물어 가는 여름, 신사의 경내. 흥청거리는 마쓰리 소리나 밤 노점의 화려한 색채. 그런 것들이 또렷이 기억납니다. 그런 데서 어쩌다가 관심 있는 여자아이와 쓱 스쳐 지나기만 해도 가슴이 두근두근합니다. 그런 이미지입니다.

마쓰리 특유의 난잡함도 저는 좋아했습니다. 평소에는 성실한 선생님이 칠칠치 못하게 술을 마시고 있는가 하면, 노점에서는 도라상 같은 떠돌이 행상들이 기운차게 장사를 하고 있습니다. 뭔가 가슴을 설레게 하는 수상쩍은 분위기였습니다.

예컨대 에도시대였다면 마쓰리 날 밤에는 '요바이夜這い' 같은 것이 있었을 겁니다. 요바이는 남자가 아내가 아닌 다른 여성의 잠자리에 몰래 들어가는 풍습입니다. 원래 일본에서는 부부가 동거하는 관습이 없고 남편이 아내의 집으로 다니는 쓰마도이콘妻問婚이 있었으니, 요바이는 그 흔적이겠지요. 농촌 등지에서는 '요바이'가 메이지시대까지 이어져 왔다고 합니다.

즉 마쓰리에는 신이나 부처도 있고, 장사를 하는 사람도 있고, 구원이나 은

예대제 例大祭, 신사에서 해마다 정해진 날에 여는 큰 축제.(옮긴이) 본사 가마 행차 아사쿠사 신사의 가마를 메고 거리로 나가는 것.(옮긴이) 도라상 야마다 요지山田洋次 감독의 영화 〈남자는 괴로워男はつらいよ〉의 주인공. 도쿄 가쓰시카葛飾 구의 시바마타柴又를 무대로, 떠돌이 행상을 생업으로 하는 구루마 도라지로車寅次郎와 그 가족들의 따뜻한 인간애를 그려 크게 히트한 영화 시리즈다. 쓰마도이콘 부부가 따로 살며 남편이 밤에 아내의 처소에 다니는 결혼 생활 형식.(옮긴이)

혜를 바라고 찾아오는 병자도 있습니다. 그래서 남녀의 만남이나 성행위도 있습니다. 삶과 죽음이 뒤끓는 것, 바로 혼돈된 상태였습니다.

왜 그렇게 되었을까요. 역시 마쓰리가 일상의 근심을 풀어 버리는 장이었기 때문이겠지요. 일상생활에서는 다들 어딘가 무리를 하고 있습니다. 반대로 무리를 하지 않는다면 공동체의 질서는 유지되지 않습니다. 이 사회는 굉장히 위태로운 상태에서 이루어져 있는 것입니다. 그 울분을 한꺼번에 해방시켜 주는 것, 그것이 마쓰리라는 것이지요.

그러므로 거기에서는 일상의 규칙이 역전되어 일상에서는 이룰 수 없는 세계가 펼쳐집니다. 그리스 신화에서 말하는 오르기아(orgia, 광란의 대향연)입니다.

일찍이 독일 철학자 니체는 그리스 신화에 나오는 아폴론(음악, 궁술의 신)과 디오니소스(술의 신)를 대비시켜 아폴론을 이성이나 질서의 상징으로, 디오니소스를 정동(情動, emotion)이나 도취의 상징으로 생각했습니다. 마쓰리는 바로 디오니소스적 세계라 할 수 있겠지요.

브라질 리오의 카니발 같은 것이 그 전형입니다. 춤을 추는 사람은 거의 대부분 가난한 사람들인데, 그렇게 화려한 의상을 입고 1년에 한 번만 미칩니다. 에너지를 한꺼번에 방출합니다. 탕진하는 것이지요. 그래서 좀 자극적으로 표현하자면, 마쓰리는 '사회적 사정射精'이라고도 할 수 있습니다.

물론 그런 광란의 대향연은 '미치지[狂]' 않은 세계로 돌아가기 위해 필요한 것이고, 마쓰리는 울적한 에너지를 방출하는 사회적 회로가 되기도 하는 것입니다.

그것은 브라질만이 아니라 도쿄도 마찬가지입니다. 글로벌화하는 사회에서 주변으로 쫓겨나거나 불안을 느끼면서 필요 이상으로 긴장하지 않을 수 없는 사람들을 이 도시가 안고 있는 한, 마쓰리는 없어지지 않을 것입니다. 일상의 커뮤니티 안에서 많은 것을 짊어지고 있는 사람일수록 모든 것을 잊고 자신이 주인공이 될 수 있는 광란의 대향연이 필요합니다. 그 세계, 그 시간만은 무질서한 상태(아나키)가 됩니다.

그러므로 사실 마쓰리와 혁명은 종이 한 장 차이입니다. 마쓰리에서 혁명이 된 예는 얼마든지 있고, 반대로 혁명을 기념할 때 '제祭'라는 마쓰리祭り를 만들기도 합니다. 예를 들어 프랑스혁명은 혁명의 10년 동안 파리만이 아니라 조그만 시골 마을에 이르기까지 전국 각지에서 무수한 축제(마쓰리)가 열려 혁명을 지지하는 사람을 결집시켰다고 알려져 있습니다. 또 지금은 혁명을 기념해 바스티유 감옥을 습격한 날을 '파리제'라는 축일로 삼고 있습니다.

원래 고대에는 제정일치라고 하여 '제祭'와 '정政'은 같은 것이었습니다. 지금은 정치를 '마쓰리고토政'라고 합니다만, 고대 국왕의 가장 중요한 역할은 신을 '모시는(祀る, 마쓰루)' 것이었습니다. 히미코卑弥呼든 천황이든 위정자는 최고위의 사제였던 것입니다. 세상의 평안과 풍작을 기원하거나 나라의 장래에 대한 신탁을 받는 것이 그들의 일이었습니다.

그러한 제사 의식을 행할 때는 큰 장을 열고 많은 사람들을 모아 대대적으로 거행했습니다. 그리고 머지않아 '제'와 '정'이 분리되었습니다.

현대의 마쓰리는 지역의 결합을 강화하는 역할도 하고 있는 것 같습니다. 마쓰리에서 가마를 메면 늙은이나 젊은이, 윗사람이나 아랫사람이 모두 하나가 됩니다. 타관 사람으로 여겨졌던 사람도 가마를 멤으로써 공동체의 성원으

히미코 3세기 무렵 야마타이국邪馬台國의 여왕.(옮긴이)

산자마쓰리는 아사쿠사 신사의 예대제로, 매년 5월 17일과 18일에 가까운 금, 토, 일요일에 열린다. 예전에는 센소지浅草寺와 함께 마쓰리를 했지만, 메이지시대부터는 신불 분리 정책에 의해 아사쿠사 신사만의 마쓰리가 되었다. '산자마쓰리'라는 이름은 아사쿠사 신사의 옛 이름인 '산자곤겐三社権現'에서 유래했는데, 애초에는 센소지의 관음상을 건져 올린 두 어부와 그 지역의 식자, 이 세 명이 제를 올렸다는 이야기도 전해지고 있다. 강상중 교수도 동심으로 돌아가 금붕어 뜨기에 도전했다. "초등학교 때 해보고 처음입니다" 하며 고전했지만 한 마리를 건져 올렸다.

로 인정되어 공동체 안의 적은 없어집니다.

그와 동시에 공동체 외부 사람과의 교류도 마쓰리의 중요한 요소가 되고 있습니다. 아는 사람들끼리만 한다면 그저 마스터베이션이 되고 말겠지요. 하지만 리오의 카니발에서도, 산자마쓰리에서도 누군가가 보고 있다는 것에 모두가 엑스터시를 느낀다는 걸 알 수 있습니다. 최고의 자기현시 장이 되는 것입니다.

이러한 분위기 고조와는 반대로 마쓰리의 끝은 어딘지 쓸쓸함이 남습니다. 마치 여름의 끝이 쓸쓸한 것과 마찬가지로 서글픔이 있습니다. 에너지를 탕진하면 일순 죽음에 가까워지기 때문입니다. 연어 수컷은 정자를 뿌리면 금방 죽어 버리는데, 사람이 마쓰리에서 모든 것을 연소하는 것도 확실히 그런 느낌에 가까운 것 같습니다. 하지만 거기에서 다시 일상으로 돌아가 살아가는 것으로 이어 갑니다. 이 순환이 중요한 것입니다.

아마 살아가기만 한다면 일찌감치 파탄 나고 말겠지요. 우리에게는 다른 사람의 죽음을 지켜보는 과정이 필요하듯이 마쓰리에 의한 연소도 필요합니다. 생활 속에 삶과 죽음의 리듬이 있기에 우리는 일상을 되풀이해 나갈 수 있는 것입니다.

2장

모던, 포스트모던, 그 이후

도시에 우뚝 솟은 바벨탑

롯폰기 힐스
六本木ヒルズ

미나토 구 롯폰기
港区六本木

'마천루'라고 하면 먼저 뉴욕을 떠올릴 것입니다. 우리 세대는 특히 그렇습니다. 1970년대 중반까지는 엠파이어스테이트빌딩이 세계에서 가장 높은 빌딩이었습니다.

지금 세계에서 가장 높은 빌딩이 어디에 있는지 아십니까? 1위는 2010년에 준공한 빌딩으로, 아랍에미리트의 수도 두바이에 있는 부르즈 칼리파(전 부르즈 두바이)입니다. 높이는 800미터가 넘고 160층이라고 하니 생각만 해도 아찔합니다. 오일머니의 위력을 보여 주는 이 빌딩은 실은 2009년에 두바이의 거품경제가 붕괴되면서 완공이 위기를 맞기도 했습니다. 그래도 어떻게든 완공한 모양입니다.

2위는 타이베이(타이완)에 있는 '타이베이 101'입니다. 높이가 509미터로 그 이름대로 101층 건물입니다. '초고층'이라 불리는 빌딩 '베스트 10' 가운데 거의 대부분이 중국을 비롯한 아시아 지역에 있습니다. 아시아의 벼락부자주의는 이런 데서도 나타나고 있습니다.

한편 일본에서 가장 높은 빌딩은 요코하마 랜드마크타워인데, 도쿄에서는 역시 롯폰기에 생긴 두 개의 타워가 가장 높을 겁니다.

하나가 2003년에 완공한 롯폰기힐스 모리타워이고, 또 하나는 2007년에 탄생한 도쿄 미드타운타워입니다. 미드타운타워는 도쿄도청 제1본청사를 제치고 도쿄에서 가장 높은 빌딩이 되었습니다.

아마 롯폰기는 금융 서비스가 글로벌화하면서 단숨에 이런 거리가 되었을 겁니다. 호리에몬의 회사도 롯폰기힐스에 있었습니다. 지금은 IT 기업 등의 신흥 부자들이 이 거리의 주민이 되고 있습니다.

랜드마크타워 높이 약 296미터의 고층 빌딩으로 일본에서 가장 높다. 아울러 '고층 빌딩'이 아니라 '건조물'로는, 현재 도쿄 스미다 구 오시아게에 건설 중인 도쿄 스카이트리가 완성되면 634미터로 일본에서 가장 높은 것이 된다.(2012년 5월 22일에 개장했다―옮긴이) 건조물로서는 부르즈 칼리파에 이은 세계 2위다.　호리에몬 2005년 일본 열도를 뒤흔들었던 인터넷 신흥 기업인 라이브도어의 사장 호리에 다카후미堀江貴文. 주가조작 혐의로 전격 체포되어 유죄판결을 받았다.(옮긴이)

원래 롯폰기는 난잡한 분위기의 거리였습니다. 예전에는 미군 기지가 있어 외국인의 출입이 잦았고, 그들을 대상으로 한 다양한 가게도 생겨났습니다. 촌놈이 가벼운 마음으로 발을 들여놓을 수 없는 특별한 장소였던 것입니다.

그러므로 롯폰기에서는 '정통'이나 '역사', '권위' 같은 것은 느낄 수 없었습니다. 반대로 어딘가 발이 땅에 닿지 않고 들떠 있는 느낌이 드는 거리였습니다. 기성관념을 싫어하는 신흥 부자들이 그러한 장소를 거점으로 삼고 있는 것은 우연이 아닐 것입니다.

즉 긴자라는 거리가 '근대'의 도쿄를 상징했다면 롯폰기는 '포스트모던'을 상징하는 거리라고 생각합니다.

포스트모던은 직역하면 '근대(모던) 이후'라는 뜻으로, 탈근대나 근대 비판이라는 입장에서 생겨난 문화나 사상을 말합니다. 근대가 국민국가를 형성할 때 필요로 했던 보편적인 이념이나 공동체의 가치를 버리고 개인의 다양성을 인정하려는 움직임입니다.

여러분도 '가치관의 다양화'라는 말을 들어 본 적이 있을 텐데, 거기에도 원리원칙은 있습니다. 프랑스의 어느 철학자는 포스트모던을 '대서사의 종언'이라고 했습니다만, 거기에서는 우리가 예전에 배웠던 모럴이나 인간성과는 전혀 관계없는 서사가 성립하는 것입니다.

예를 들어, "저는 가족이나 사회를 위해 땀 흘리며 30년간 열심히 일했습니다"라고 이야기해도 "그래서 뭐? 우리는 하루에 10억 엔 벌어" 하고 깨끗이 부정당하고 맙니다. 어쩌면 그것은 허상이고 가짜인지도 모르지만, 포스트모던 사회에서는 가짜에도 미학이 있고, 가짜라도 가치가 있으면 그것으로 된 겁니

모리타워 52층 전망대 도쿄시티뷰. 전후좌우 360도가 유리로 된 해방감이 넘치는 공간에서 내려다보는 거리는 절경이다. 야경도 아름답지만 낮에도 도쿄 시내 전체가 내려다보여 즐겁다. 도쿄타워와 도쿄 스카이트리를 한눈에 볼 수 있는 귀중한 지점이다. 이곳 전망대에 올라온 것이 처음이라는 강상중 교수, "황거나 메이지신궁이 넓다는 것도 위에서 내려다보니 실감할 수 있네요. 도쿄대학은 저쪽인가요?" 하고 해가 뉘엿뉘엿 저무는 거리를 흥미롭게 바라보았다.

다. 척하는 것이 전혀 없기에 인간의 욕망을 직접적으로 드러낼 수 있는 거리다. 그러므로 저는 여기에는 문화가 없다고 생각합니다. 나쁜 의미로 말하는 것이 아니라 그것이 롯폰기라는 거리의 개성인 것입니다. 아무리 파도 근대의 지층이 나오지 않기에 직접 포스트모던으로 이어질 수 있는 것입니다.

그러므로 롯폰기에 지금의 글로벌 자본주의와 직접적으로 이어지는 정보처리 기능을 가진 빌딩이 생기고, 롯폰기가 포스트모던의 첨단을 달릴 수 있었던 것은 무척 상징적인 일이라고 생각합니다.

그런데 왜 사람은 도시에 높은 건물을 짓는 걸까요? 여기에는 다양한 요인이 있습니다. 먼저 물리적으로 도시는 땅이 좁고 땅값도 비싸기 때문에 필연적으로 위로 뻗어 나갈 수밖에 없습니다.

구약성서에 나오는 바벨탑처럼 자신의 힘을 과시하기 위해서라는 이유도 있겠지요. 기술력이나 재력을 보여 주는 데는 고층 빌딩이 안성맞춤입니다. 빌딩에 사는 사람들도 빌딩이 높을수록 경치도 좋고 풍요로움을 실감할 수 있습니다. 우월감이라고까지는 말하지 못하더라도 권력이나 돈을 공간적으로 시각화할 수는 있습니다.

다시 말해, 인간의 욕망이나 상승 지향이 수직적인 형태로 나타난 것, 그것이 고층 빌딩이라는 것입니다.

저도 처음으로 도쿄타워에 올랐을 때 뭔가 자랑스러운 마음이 들었던 것을 기억하고 있습니다. 중학교 3학년 때였습니다. 무슨 일이 있어도 꼭 도쿄에 가 보고 싶어서 부모님에게는 비밀로 하고 구마모토에서 친구와 함께 기차를 갈아타고 왔습니다.

그러나 도쿄 거리를 찾아왔지만 수많은 사람들이 복작거리는 도회에서 저 같은 건 군중 속의 한 사람에 지나지 않았습니다. 제가 좁쌀만큼 왜소한 존재로 느껴져 얼떨떨했습니다.

그럴 때 도쿄타워에 올랐더니 신기하게도 자신이 스러져 가는 이미지에서 해방되었습니다. 시선이 이동하여 비로소 자신이 보는 측에 설 수 있었기 때문이었을까요. 전체를 조감함으로써 자신이 있는 곳을 새삼 확인할 수 있어 안심할 수 있었습니다.

누구나 익명이고 몰개성화하는 도시이기에 군중으로부터 자신을 건져 올려 주는 고층 빌딩이 필요한 것인지도 모르겠습니다.

물론 이곳을 방문하는 사람들이 그런 것을 생각하고 타워에 오르는 것은 아닐 것입니다. 롯폰기에 놀러 가는 것은 맛있는 음식이나 최신 패션 등 글로벌 자본주의의 첨단을 달리는 거리의 풍요로움을 향유하기 위해서입니다. 젊을 때는 그것을 마음껏 즐겨도 좋겠지요.

다만 롯폰기가 나이가 들어도 뻔질나게 다닐 수 있는 거리냐 하면, 그렇지는 않은 것 같습니다. 어느 시기를 경계로 결국은 졸업하게 되는 거리가 아닐까요. 그렇다면 이곳을 졸업한 뒤 어떤 거리로 가는 걸까요. 그것으로 그 사람이 생활방식이나 가치관을 알 수 있는지도 모르겠습니다.

당신은
진지합니까?

**나쓰메 소세키의
자취를 따라서**

산시로 연못~히가시닛포리~
와세다미나미초~조시가야 묘원

三四郎池~東日暮里~
早稲田南町~雑司ヶ谷霊園

2008년에 출판한 『고민하는 힘』이 기쁘게도 많은 사람들에게 읽힌 것 같습니다.

현재 일본에서는 해마다 3만 명이 넘는 자살자가 나오고 있고, 우울증에 걸리는 사람도 늘고 있습니다. 바로 '1억 총 고민'의 시대입니다.

이 책은 이런 현대사회를 어떻게 극복해야 할까, 그것을 20세기 최고의 사회학자 막스 베버와 메이지시대의 문호 나쓰메 소세키(夏目漱石, 1867~1916)라는, 동시대를 살았던 두 지식인을 통해 생각해 본 것입니다.

나쓰메 소세키는 제가 고등학생이었을 무렵부터 애독해 온 작가 가운데 한 사람입니다. 고등학교를 졸업하고 구마모토에서 상경했을 때는 소설 『산시로』의 주인공에게 제 모습을 투영해 보곤 했습니다.

산시로는 구마모토에서 상경해 제국대학에 입학하는데, 거기서 그가 본 것은 러일전쟁 후 '일등국'으로서 들끓고 있는 제국의 도시 도쿄의 눈부신 광경이었습니다. 가는 곳마다 전류가 넘쳐흘러 감전사할 것 같은 엄청난 에너지로 가득 차 있는 도쿄. 그것을 목격한 산시로는 어리둥절한 채 자신의 왜소함에 나가떨어집니다. 그 시선이, 산시로와 마찬가지로 촌놈이었던 제 시선과 무척 닮아서 무심코 저와 동일시했던 것입니다.

소세키나 베버가 살았던 것은 지금으로부터 약 100년 전인 19세기 말부터 20세기 초입니다. 당시의 세계는 '제국주의' 시대였습니다. 유럽 국가들이 앞다투어 다른 나라로 진출하고 일본도 중국으로 패권을 확대해 나갔습니다. 하지만 강한 것은 좋은 것이라며 애국심을 선동해 국가는 팽창하는 한편, 인간은 잘게 잘려 나갔습니다.

1억 총 고민 '일억 총 중류―億総中流'라는 말을 비튼 것이다. 쇼와시대 후반(1970년을 전후한 시기)에 실시한 여론조사에서 일본 국민의 대다수(90퍼센트)가 자신을 중류계급이라고 생각한 '의식'을 가리킨다.(옮긴이) 막스 베버 Max Weber, 1864~1920. 20세기 초에 활동한 독일의 사회학자·경제사가. 근대사회학을 확립함과 동시에 종교와 사회의 관계를 논하여 국내외에 큰 영향을 끼쳤다. 『산시로』『그 후』『문』으로 이어지는 나쓰메 소세키의 초기 3부작 가운데 하나. 구마모토의 고등학교를 졸업하고 도쿄의 대학에 다니기 시작한 산시로, 도회에서 길을 잃은 나날을 평범한 촌놈의 시선을 통해 그린 청춘소설이다.

　소세키는 그것을 무척 우려했습니다. 그러므로 국가 또는 정치라는 대서사를 그리지 않고, 작은 이야기에 숨어 있는 인간의 본질을 그려 나갔던 것입니다.
　'근대'의 막을 열게 된 것도 이 시대입니다. 그러나 서양의 합리주의가 들어오는 한편 기존 사회의 가치관이 해체됨으로써 개인이 그대로 노출되어 갑니다. 그런 시대의 모순을 소세키는 일찌감치 깨닫고 있었습니다. 문명이라는 것은 근사하기만 한 것이 아니고, 오히려 문명이 진보할수록 사람의 고독감은 더욱 깊어진다는 것을 말입니다.
　소세키 소설의 등장인물을 보면 그것을 잘 알 수 있습니다. 또 소세키 자신도 시대의 커다란 물결 속에서 몹시 고생했습니다. 그것은 상당히 심각한 것이었습니다. 『도련님』 같은 유머러스한 초기 작품에서는 상상하기 힘들지만,

30대 중반 이후 그는 늘 신경쇠약에 시달렸습니다.

그 계기는 문부성에서 파견해 런던으로 유학을 떠난 일이었습니다. 시대의 정점에 있는 런던이라는 도시에서는 전환기의 모순이 한꺼번에 분출하고 있었을 겁니다. 거기에서 도쿄라는 도시의 어두운 미래를 보아 버린 소세키는 심각한 신경쇠약에 걸리고 만 것입니다.

신경쇠약의 원인은 그 밖에도 또 있었습니다. 소세키는 유아 체험에 뿌리를 둔 아이덴티티의 위기를 안고 있었습니다. 그는 도쿄의 유복한 쇼야庄屋 집안에서 태어났지만 부모는 순전히 자신들의 필요에 따라 소세키를 한때 양자로 보냈습니다. 양부모에게서도, 친어머니에게서도 매정한 대우를 받으며 불우한 소년 시절을 보낸 소세키는 인간을 불신하게 되었던 것이지요.

쇼야 에도시대에 마을에서 연공 납입을 책임지고 마을의 자치 일반을 관장하던 사람.(옮긴이)

어쩔 수 없이 떠안게 된 부조리에 더해 영국에서 겪은 갖가지 불쾌한 체험은 그를 신경과민으로 내몰았습니다. 귀국 후에는 아내에게 가정 폭력에 가까운 폭력을 휘두른 일도 있었다고 합니다. 소세키의 고민은 깊고 넓었으며, 그리고 먼 것이었다고 할 수 있겠지요.

이렇게 보면 소세키의 고민과 현대인이 안고 있는 고민은 실로 유사합니다. 100년 전과 현대는 시대 배경도 비슷합니다. '제국주의'를 대신하여 현재는 '글로벌라이제이션'이 세계를 석권하고 있습니다. 글로벌머니는 국경을 넘어 밖으로 밖으로 확장을 거듭하게 되었습니다. 그 안에서 도쿄도 세계 유수의 금융 도시로 변모해 온 것입니다.

인간의 고립도 마찬가지입니다. 가치관은 다양해지고 자유로워졌습니다만, 자유가 확대될수록 횡적인 연대는 사라지고 개별화합니다. 그리고 자유가 확대될수록 불확실성은 커지기 때문에 불안도 커집니다. 소세키는 "신경쇠약은 20세기가 공유하는 병이다"라고 썼습니다만, 21세기는 '우울증의 시대'라고 해도 좋겠지요.

우리는 '고민'이라는 것은 순수하게 사적이고 개별적인 것이며 그 사람의 내면적 문제이므로 자신과는 관계없다고 생각해 왔습니다. 하지만 그렇지 않다는 것이 알려지게 됩니다. 자살이나 우울증의 원인도 개인의 문제로 봉인되고, 그것에 부스럼 딱지를 만들듯이 '자기 책임'이라고 말해졌습니다. 하지만 현대인은 사실 어떤 공통된 원인을 안고 있는 것입니다.

그러므로 이 시대에 사는 한 고민하는 것은 당연하고, 오히려 저는 좀 더 고민해도 좋다고 말하고 싶습니다. 철저하게 고민하고 다시 한 번 자신을 들여

나쓰메 소세키의 자취가 남은 곳을 돌아본 이날, 소설 『산시로』에 가끔 등장하는 도쿄대학의 산시로 연못(70쪽), 소세키의 친구 마사오카 시키가 다녔던 유명한 가게로 『나는 고양이로소이다』에도 등장하는 하부타에단고(羽二重団子 : 아라카와 구 히가시닛포리, 72쪽), 그리고 소세키가 만년에 여러 명작을 쓴 집 '소세키 산방'(漱石山房 : 신주쿠 구 와세다미나미초, 73쪽) 터를 찾았다. 마지막에는 조시가야 묘원(도요시마 구 미나미이케부쿠로)에 있는 소세키의 묘(위 사진)를 참배했다. "훌륭한 묘입니다. 이 정도 묘를 만들었다는 데에서는 아내 나쓰메 교코夏目鏡子의 고집 같은 것이 느껴졌습니다."

다보는 것이 살아가는 힘으로 이어지기 때문입니다.

현대에는 너무나도 낡은 행복의 형태밖에 없습니다. 하지만 인생에는 행복한가 불행한가만으로는 잴 수 없는 다른 척도가 있다고 저는 생각합니다.

중요한 것은 정형화된 행복감이 아니라 자신이 긍정할 수 있는 인생의 의미를 찾아내는 것입니다. 거기에는 역시 고민하는 힘이 필요합니다.

물론 이것은 간단한 일이 아닙니다. 회의의 도가니 안에서 여러 가지를 파괴해 나가는 힘든 작업입니다. 영적인 것에 의존하거나 스스로 자가발전하는 식으로 변한다고 해서 모든 일이 개선되는 것도 아닙니다.

그렇다면 무엇이 중요할까요. 결국 타자와의 유대가 아닐까요. 타자와의 깊은 유대 없이 고민의 바다를 건널 수는 없으니까요.

소설 『마음』에는 '선생님'이 주인공 '나'에게 "당신은 진지합니까?" 하고 몇 번이고 묻는 장면이 나옵니다. 일찍이 친구를 배신하고 그 죄책감에 고뇌하는 '선생님'입니다만, '나'나 '시대'와 진지하게 맞서려고 합니다. 중요한 것은 그 진지함이고, 진지하게 타자와 대면하는 일입니다. 그렇게 함으로써 사람은 고민을 안고 살아갈 수 있게 되는 것입니다.

'진지함'이라고 하면 어딘지 멋쩍은 울림이 있습니다만, 여러분은 이제 진지하게 다른 사람과 마주하고 고민했으면 합니다. 그리고 자신에게 가치 있는 인생을 찾았으면 좋겠습니다.

역사에

농락당한

벚꽃의

아름다움

지도리가후치
千鳥ヶ淵

지요다 구 기타노마루 공원
千代田区北の丸公園

'벚꽃'은 보는 사람에 따라 그 인상이 아주 다릅니다. 거리 전체를 벚꽃 색으로 물들이듯 일제히 화려하게 피는 그 모습에서 희망을 발견하는 사람도 있고, 금세 허무하게 지는 모습에 무상감을 느끼는 사람도 있습니다. 벚꽃은 희로애락을 간직한 꽃이라고 해도 좋겠지요.

제게 벚꽃은 아름답다기보다 향수를 불러일으키는 꽃입니다. 제 어머니 고향은 부산에서 그리 멀지 않은 진해라는 곳입니다. 이곳에는 예전에 큰 일본 해군 기지가 있었기 때문에 옛 일본군의 상징인 벚꽃이 30만 그루 넘게 심어져 한국에서도 유명한 벚꽃 명소가 되었습니다.

그러므로 어머니도 벚꽃에 특별한 마음을 품고 있었음이 틀림없습니다. 저도 어렸을 때 벚꽃을 보러 구마모토의 다쓰다야마立田山나 하나오카야마花岡山 불사리탑에 자주 갔습니다. 어머니의 추억과 겹치는 벚꽃은 무척이나 향수를 자극하는 꽃입니다.

벚꽃은 대부분의 일본인에게도 무척 친숙한 꽃입니다. 꽃 하나의 개화 시기가 톱뉴스로 전해지는 나라는 아마 일본뿐일 겁니다. 그만큼 일본이 평화롭다는 뜻입니다. 그와 동시에 경계 없는 시간을 보내고 있는 우리가 계절에 뭔가 단락 같은 것이 있기를 바라고 있는 것이라고 생각합니다.

봄을 알리는 벚꽃은 긴 겨울을 벗어나 죽음에서 삶으로 되살아나는, 바로 재생의 상징입니다. 동료나 친구와 함께 그것을 축하합니다. 그런 점에서 '꽃구경'은 의미 있는 일이라고 할 수 있겠지요.

그런데 벚꽃에는 그 아름다움 때문에 역사에 농락당한 과거가 있습니다. 메이지시대 이후 내셔널리즘이 흥륭하던 시대였습니다. "일본인이라면 벚꽃의 꽃잎처럼 아름답게 지라" 하며, 병사의 희생을 벚꽃이 지려고 할 때의 산뜻함으로 미화했던 것입니다.

벚꽃과 일본인의 사고방식을 관련시키게 된 것은 비교적 근래의 일입니다. 『만요슈万葉集』에는 벚꽃보다 매화를 노래한 시가가 더 많았고, 천황가의 문장도 국화입니다. 또 원래 일본 문화는 천황가 중심의 우아한 궁정 문화였으므로, '벚꽃·무사도·야마토다마시大和魂'라는 용맹스러운 정신성과는 정반대입니다.

'벚꽃'과 '일본인'이 결부된 데에는 에도江戸 중기의 국학자 모토오리 노리나가(本居宣長, 1730~1801)의 영향이 크다고 생각합니다. 간단히 말하자면 국학은 일본의 고전문학과 고대사를 연구하여 고대 일본인의 정신과 사상을 밝히려는 학문입니다. 대륙에서 전래된 유교에 비판적이었던 모토오리는 중국의 학문을 배워 감화된 '가라고코로漢心'가 아니라 '야마토고코로大和心'를 주장하며 '모노노아와레もののあわれ'라는 일본 특유의 미의식에 주목했습니다.

이 모토오리가 무척 좋아한 꽃이 벚꽃이었습니다. 벚꽃을 노래한 가집歌集을 남겼고, 또 만년에는 자화상에 유명한 시가를 써 남겼습니다.

"시키시마의 야마토고코로를 물으면 아침 해에 빛나는 산벚꽃"(敷島の 大和心を 人とはば 朝日に匂ふ 山さくら花)

이 시가는 '일본인의 마음이란 무엇인가, 하고 물으면 아침 해에 빛나는 산벚꽃의 아름다움을 느끼는 마음이다'라는 의미라고 생각합니다. 여기서 말하는 '야마토고코로'는 결코 '무사도武士道' 같은 것이 아닙니다. 그처럼 마초적인 것이 아니라 오히려 부드러움이나 온화한 심정을 말합니다.

모노노아와레 외계로서의 '모노'와 감정으로서의 '아와레'가 일치하는 곳에 생긴, 조화적인 정취의 세계. 모토오리 노리나가는 그것이 잘 구현된 것이 『겐지 이야기』라고 했다.(옮긴이)   시키시마 일본의 다른 이름.(옮긴이)

하지만 메이지시대가 되자 모토오리 국학 사상의 르네상스가 일종의 국수주의, 군국주의와 밀접한 관계를 갖게 됩니다.

신정부는 유럽과 같은 근대국가를 건설하려고 했는데, 국민을 교화하기 위해 자신들의 아이덴티티가 필요했습니다. 그때 모토오리를 들고 나온 것이지요. '야마토고코로'는 왜곡 해석되고 '벚꽃'도 그 상징으로 이용되었습니다.

2차 세계대전 중에 가미카제神風 특공대의 이름을 모토오리의 시가에서 따와 '시키시마敷島', '야마토大和', '아사히朝日', '야마자쿠라(山桜 : 산벚꽃)'라고 붙였다는 것은 유명한 이야기입니다.

벚꽃은 무척 아름답습니다. 미에 감동하는 마음을 갖는 것도 중요합니다. 다만 아름다운 것이 반드시 정의라고는 말할 수 없습니다.

2008년에 세상을 떠난 평론가 가토 슈이치 씨는 '선악'을 논하는 것이 아니라 '모노노아와레를 느끼는가 느끼지 않는가', '좋아하는가 싫어하는가'로만 생각하면 결국 주관에 의해서만 사물을 판단하게 된다고 말했습니다.

확실히 세상은 주관 없이는 말할 수 없습니다. 하지만 모든 사물을 주관에 어떻게 비치는가에 따라 판단하여 객관성이 없어지면 사물을 보편화할 수 없게 됩니다. 다른 사고나 다른 신앙을 가진 사람들과 뭔가 공통된 이해를 만들려는 의식이 생겨나지 않는 것입니다.

역사에서 일어나는 사건도 모두 자연현상으로 환원되어 버릴지도 모릅니다. 벚꽃의 꽃잎이 지듯이 전쟁에 의해 사람의 목숨도 지는 것이라고 말입니다.

또 자기 주관의 영역에만 머물러 있는 결과, 무엇이든 '마음'의 문제로 환원되어 고결하다거나 품격이 있다거나 정신적으로 순수하다는 것이 아름답고

가토 슈이치 加藤周一, 1919~2008. 평론가, 작가. 전후 일본을 대표하는 지식인. 일본 문화의 특성을 지적한 평론집 『잡종문화雜種文化』를 비롯하여 문학에서 예술, 문명비평까지 폭넓은 분야의 저작을 발표했고, 만년에는 헌법을 수호하는 입장에서 반전평화 운동가로 활동했다.

꽃구경의 명소 지도리가후치~영국 대사관~다이칸초代官町 부근을 산책했다. 다이칸초의 능수벚나무가 만개하여 그 아름다움이 압권이었다. "제가 아름답다고 느끼는 꽃은 들판 가득 화려하게 핀 유채꽃이나 코스모스입니다. 그리고 소피아 로렌이 주연한 영화 〈해바라기〉에 나오는 해바라기의 아름다움도 마음속에 깊이 남아 있습니다. 또 요즘 아름답다고 느끼는 것은 인간의 극히 자연스러운 희로애락의 표정입니다. 크게 신경 쓰지 않고 기쁨이나 슬픔을 표현할 수 있는 사람은 무척 매력적입니다."

좋은 것이라고 생각하게 됩니다. "무사도란 죽는 것에 있다.(武士道と云ふは死ぬ事と見つけたり)"라는 『하가쿠레葉隱』의 일설은 그런 유심론적 경지를 나타낸 것입니다.

하지만 진정한 아름다움이란 유심론으로는 얻을 수 없는 것입니다. 물론 유물론으로도 얻을 수 없습니다. 사람과 어울리고 사물과 뒤섞이는 가운데 느끼는 것이라고 저는 생각합니다. 그러므로 아름다움이란 결코 순수하기만 한 것이 아니라고 생각합니다.

무엇이든 마음의 문제로 환원하는 내향적인 현상은 현대인의 미의식에서도 감지할 수 있습니다. 이것은 일종의 나르시시즘이겠지요. 나르시시즘은 어떤 의미에서 현실적인 것을 부정하거나 피함으로써 성립하는 것입니다. 즉 있는 그대로의 인간을 통째로 포착할 수 없는 것입니다. 예컨대 전철의 손잡이가 불결하다고 느끼는 결벽적인 사람이 늘어 가는 것도 그렇고, 성형수술로 완전한 얼굴을 가지려고 하는 사람들의 심리도 그렇습니다.

인간에게는 한 면에는 더러운 부분, 다른 면에는 그것을 넘어서는 신성한 부분, 이렇게 양면이 있다고 생각합니다. 그러니 추가 있으므로 미가 있고 죽음이 있으므로 삶이 빛나는 것처럼 정淨과 부정不淨은 항상 표리인 것입니다.

단지 순수한 것, 불순물이 없는 것을 '미'라고 생각할 것이 아니라 그 다양성을 좀 더 알아주었으면 하는 바람입니다.

『하가쿠레』 에도 중기에 쓰여진 무사의 교육서. 극단적으로 무사도를 강조하고 있어 에도시대에는 금서 취급을 받았지만 메이지 중기 이후에 재인식되어 널리 읽히게 되었다.

하라주쿠
原宿

시부야 구 진구마에
渋谷区神宮前

기억이
정화되는
거리

여름방학의 일요일이기도 해서 오늘도 하라주쿠는 젊은이들로 넘쳐났습니다. 하지만 사람들은 대부분 하라주쿠라는 거리가 중층적으로 역사가 겹친 장소라는 걸 모르고 있을 겁니다. 예컨대 예전에 이곳이 '미군의 거리'였다는 것도 모르는 사람들이 많을 겁니다.

2차 세계대전 후 미국은 지금의 요요기 공원 주변에 있던 육군 요요기 연병장을 접수해 주둔군을 위한 주택 시설을 건설했습니다. 광대한 부지 안에는 숙소·학교·교회·극장 등이 있었고, 그 영향으로 하라주쿠는 국제적인 거리로 변모해 갔습니다.

키디랜드Kiddy Land는 전쟁이 끝난 직후에 서점으로 탄생했습니다만, 곧 워싱턴하이츠Washington Heights에 사는 장교들의 자녀를 위해 장난감을 들여놓게 되었습니다. 그 거리에 있는 오리엔탈 바자Oriental Bazaar도 워싱턴하이츠 주민들을 위한 선물가게로 문을 열었다고 합니다.

마찬가지로 주둔군의 거리로 번영을 누린 롯폰기에는 제1기병사단의 병사兵舍가 있었던 데 비해 워싱턴하이츠에는 유복한 장교계급이 살았습니다. 그래서 하라주쿠에는 롯폰기와 같은 난잡함이 들어오지 않았고, 공습으로 폐허가 되어 버린 거리도 아름답게 정비되었습니다.

그리고 워싱턴하이츠는 도쿄올림픽 전해인 1963년 일본에 반환되어 올림픽이 열렸을 때는 선수촌이 되었고, 올림픽이 끝난 뒤에는 요요기 공원으로 정비되었던 것입니다.

그 후 거리에 남겨진 이국적인 정서에 이끌려 예술인들이 모여들면서 패션가로 진화했습니다. 그사이에 전쟁, 미군, 점령이라는 색채는 완전히 탈색되

주둔군 2차 세계대전 후 일본에 주둔하고 있던 연합군의 속칭. 전쟁이 끝난 1945년부터 1951년 샌프란시스코 강화조약이 체결될 때까지 일본은 연합군의 점령하에 있었다. 키디랜드 1946년에 창업하여 지금까지 완구, 서적 등의 판매점을 운영하는 일본 기업.(옮긴이) 워싱턴하이츠 2차 세계대전 후 미 주둔군이 도쿄 요요기에 건설한 병사兵舍, 가족용 숙소 등으로 이루어진 군용지.(옮긴이)

어 갔습니다.

규모도 화려함도 다르지만 오키나와 나하의 고쿠사이도리國際通り와 비교하면 금방 알 수 있습니다. 고쿠사이도리는 하라주쿠와 마찬가지로 젊은이들로 북적거리는 거리이지만, 역사의 향기가 나고 어딘가에 전쟁의 흔적이 남아 있습니다. 하지만 하라주쿠에는 그런 것이 대부분 지워지고 없습니다.

왜 그럴까 생각할 때 가장 먼저 떠오르는 것은 이 거리의 또 하나의 배경인 '메이지신궁'이라는 존재입니다. 1장에서도 말했습니다만, 메이지신궁은 1912년 세상을 떠난 메이지 천황을 모시기 위해 건립되었습니다. 매장된 곳은 교토 후시미모모야마노미사사기伏見桃山陵입니다만, 메이지 천황과 쇼켄 황태후를 기리는 국민들 사이에 이 두 사람을 모시는 신사의 건립을 요구하는 기운이 높아졌으므로 미나미도시마南豊島 고료치(御料地, 황실 소유지)에 메이지신궁을 세웠다고 합니다.

이에 따라 '오모테산도表參道'가 정비되어 신궁 앞의 거리로 발전했습니다. 점령 전에 이곳은 이른바 근대국가 대일본제국의 '성지'라고도 할 수 있는 곳이었습니다. 성지로서 정화 작용이 강하게 작동했으므로 이 지역은 점령 시대의 기억이 희미하지 않을까, 하고 생각할 수 있겠지요. 왜냐하면 지금도 이 정화 작용은 남아 있다고 생각하기 때문입니다.

하라주쿠는 번화가이면서도 드물게 학교나 도서관 등의 시설이 많이 모여 있는 문교지구로 지정되어 있습니다. 그러므로 파친코 가게도 없고 유흥업소도 없습니다. 그리고 녹음이 우거져 있습니다. 그런 탓에 메이지도리明治通り를 지나 시부야나 신주쿠로부터 옮겨 오는 나쁜 기운이 하라주쿠에서 정화되는

문교지구 교육이나 문화 활동에 적합한 환경을 유지하기 위해 지정한 특별지구. 환락 시설은 제한된다.

것처럼 느껴집니다. 마찬가지로 과거의 기억도 정화되었는지도 모릅니다.

그런데 이곳 하라주쿠에서 발산되는 일본 대중문화가 지금 전 세계에서 주목받고 있다고 합니다. 키워드는 '가와이(かわいい, kawaii)'입니다. 어린 마음이나 미숙함이 느껴지는 말입니다만, 이 '가와이'라는 것의 유행은 '성숙 대 미숙'이라는 이분법이 약해지면서 생겨난 것으로 보입니다.

일본은 세계에서 저출산이 가장 빠르게 진행되고 있습니다. 어린아이의 수가 급격하게 줄어드는 가운데 부모는 어린아이에게 최대한의 시간과 돈을 쓰게 되어 어린아이와의 밀착화가 진행되었습니다.

평론가 에토 준(江藤淳, 1932~1999)은 이를 '부성父性의 상실'이라고 했습니다만, 가부장적인 것이 점차 사라지고 그와 함께 어머니와 아이의 관계도 부모자식 관계라기보다는 친구 사이처럼 되었습니다. 지금은 어머니 자체가 '가와이'의 경향을 띠게 되었습니다.

즉 부모는 극복해야 할 존재가 아니게 된 것입니다. 원래 '성숙'하기 위해서는 부모를 넘어서야 합니다만, 넘어서려고 해도 친구이니 넘어서는 의미가 없습니다. 성숙이라는 것이 의미를 갖지 못하게 된 것이지요.

뭔가를 극복하고 앞으로 나아가는, 그런 근대라는 시대가 이미 끝났음을 의미하는지도 모르겠습니다. 그리고 전 세계에서 가와이 문화가 받아들여지는 것은, 어느 나라에서나 똑같은 일이 벌어지고 있기 때문이겠지요.

그렇다면 왜 일본에서 그것이 가장 앞서 나타났을까요. 저출산의 속도가 빨랐기 때문이기도 하고, 한편으로 일본에는 '서구'라는 극복해야 할 벽이 있었기 때문이 아닐까요.

가와이 '사랑스럽다', '귀엽다', '예쁘장하다'는 뜻. 영어사전에도 'kawaii'는 "Cute, especially in the context of Japanese culture"라는 뜻으로 올라와 있다.(옮긴이)

오모테산도에서 하라주쿠 방면으로 언덕길을 내려가 인기 지점인 'H&M'(83쪽) 앞을 지나 다케시타도리竹下通り로 빠져나가는 코스. 너무 인파가 많아 강상중 교수도 피곤한 모양이었다. "다케시타도리를 걷고 있으니 세계 각국, 어디에서 왔는지도 모를 물건들이 아무렇지 않게 팔리고 있어 패셔너블한 '암시장' 같은 느낌이 듭니다. 하지만 그것은 첨단 브랜드, 또는 지금의 글로벌화 안에서 기호화된 것과 직결되어 있습니다. 거기에 하라주쿠의 특이성이 있겠지요." 아울러 강상중 교수도 젊었을 때는 장발이었다고 한다. "장발에 청바지였습니다. 옷은 대학에서 가까운 다카다노바바 근처에서 샀습니다. 하라주쿠는 당치도 않았지요. 저는 패션도 여성도 사상도 늦깎이였으니까요."

패전 후 일본은 내내 서구를 따라붙고 앞지르려고 해왔습니다. 하지만 아시아 사람은 도저히 서구적인 것을 따라잡을 수 없습니다. 그렇다면 우리가 만족할 수 있는 것을 만들자고 생각했던 것이지요.

'넘어설 수 없다'는 의미에서는 우라하라주쿠裏原宿도 그렇습니다. 서구적인 것이 '겉[表]'이라면 '안[裏]'도 있을 거라는 것이지요. 그래서 일본발 브랜드를 만들어 가자는 생각을 하게 된 것입니다.

서구와는 다른 '자신들다움'을 새롭게 발견하자는 움직임은 거품경제가 붕괴된 후 각지에서 보였습니다. 그것이 새로운 일본을 발견하는 데 의미 있는 운동이었다고 생각합니다만, 지금 그 대부분은 '자신다움'의 추구 끝에 '자기만 좋으면 된다'는 작은 나르시시즘에 빠져 있는 것으로 보이기도 합니다.

일찍이 '패션=메시지'였던 시대가 있었습니다. 시대의 키워드는 주체성, 즉 타자에게 이끌리는 것이 아니라 자기 자신의 판단에 따라 행한다는 것이었습니다. 그러므로 장발에 청바지라는 히피 스타일에도 일종의 메시지적 성격이 있었습니다.

하지만 요즘 같은 시대는 다릅니다. 사람들이 이토록 패션에 몰두하게 되는 것은 최대 관심사가 자신의 몸이기 때문입니다. 그러나 자기도취 앞에 문화로서 확대될 수 있는 것이 있는지는 의문입니다.

물론 이러한 문화가 부가가치를 낳고 새로운 산업이 되어 활성화하는 것을 보면 간단히 부정할 수는 없습니다. 그러므로 이러한 상황을 문화의 '난숙'이라고 해야 할지, 아니면 '쇠퇴'라고 해야 할지 솔직히 저는 잘 모르겠습니다. 앞으로 반세기만 지나면 그 결론이 나오겠지요.

우라하라주쿠 하라주쿠의 시부야가와유호도로(渋谷川遊歩道路, 속칭 캣스트리트Cat Street) 일대의 통칭. 일본인 디자이너의 작은 복식점이 뒷골목 곳곳에 있다. 한길에 있는 큰 브랜드숍의 이미지와는 다르기 때문에 '우라'하라주쿠라 불리고 있다.

오가사와라 백작 저택
小笠原伯爵邸

신주쿠 구 가와다초
新宿区河田町

근대화의 환영을 찾아서

도쿄에는 메이지시대부터 전쟁 전 쇼와시대에 걸쳐 지어진 이른바 '양관洋館'이라 불리는 서양식 건물이 지금도 많이 남아 있습니다. 메이지 초기, 일등국을 목표로 하던 일본 정부가 근대화에 필요한 도시를 구축하기 위해서는 서양의 건축 기술을 습득하는 것이 필수적이라고 생각하여 적극적으로 유럽에서 건축가를 불러들였기 때문입니다.

유명한 영국인 건축가 조시아 콘더(Josiah Conder, 1852~1920)도 그중 한 사람입니다. 그는 로쿠메이칸鹿鳴館과 니콜라이성당 등을 설계해 '일본 근대건축의 아버지'라 불렸습니다. 그들의 손에 청사나 학교, 그리고 개인의 저택까지 수많은 양관이 지어졌습니다.

그 후 서양풍 건축 기술은 계승되어 점차 일본인 건축가의 손에 지어진 양관도 늘어 갔습니다. 이날 찾아간 오가사와라 백작 저택도 그중 하나입니다. 지금은 레스토랑으로 사용되고 있습니다만, 원래 오가사와라 나가요시(小笠原長幹, 1885~1935) 백작(옛 고쿠라小倉의 번주)의 본가로서 일본인 건축가에 의해 1927년에 지어졌습니다.

중정을 비롯해 크림색의 외벽이나 에메랄드그린의 스페인 기와 등 당시로서는 무척 진기한 스페인 양식을 도입해 지어진 화려한 건축물입니다. 그중에서도 두드러지는 것은 이슬람풍 디자인으로 통일된 원형 시가룸cigar room입니다. 유럽의 담배나 여송연이 이집트에서 수입되었으므로 양관의 끽연실은 이슬람풍으로 만드는 것이 당시의 관례였다고 합니다.

대리석 바닥과 하늘색 천장. 이국적 정서가 떠도는 이 농밀한 공간에서 귀족들이 사교를 즐겼다는 데 생각이 미치자 뭔가 이색적인 공간에 빠져든 것 같은 기분이 들었습니다. 바로 프랑스의 철학자 푸코가 말하는 '헤테로피아(heteropia, 이질적인 장소)'인 듯하다고 느꼈습니다.

그와 동시에 무척 흥미롭다고 생각한 것은, 이 건물에 일종의 '서양 환상'이 잘 드러나 있다는 점이었습니다. 즉 당시의 일본인이 유럽에 가서 보거나 사진으로 보고 '이랬으면 좋겠다'고 생각한 서양 환상이 가시화되어 있었던 것입니다.

이는 서구인이 일본을 어떻게 상상하는지를 생각하면 쉽게 알 수 있습니다. 할리우드 영화 등에 나오는 일본 집이나 음식이 어딘지 중국이나 동남아시아의 그것과 비슷해서 위화감을 느낀 적이 있을 겁니다. 이는 미국인이 만들어 낸 일본 심상이 패치워크처럼 합성된 것이기 때문입니다. 마찬가지로 일본의 양관도 '서양풍'이라고 해도 어디까지나 일본인이 바라는 '서양'이었던 것입니다.

반대로 말하자면 당시 아시아에서 근대화의 선두 주자였던 일본은 그만큼 서양 환상이 강했던 것입니다. 그리고 서양 환상이 강하면 강할수록 구체적으로 눈에 보이는 것을 요구했습니다. 근대 기념물로서의 서양 건축물이 필요했던 것이지요.

하지만 원래 근대화라는 것은 '이 건물을 지으면 근대하다'라든가 '이 기술을 습득하면 근내화다'라는 식으로 말할 수 있는 것이 아닙니다.

일반적으로 근대화란 중세 봉건사회에서 근대 산업사회로의 이행을 가리킵니다. 하지만 거기에는 자본주의화처럼 경제의 근대화도 있고, 국민국가의 성립처럼 정치의 근대화도 있습니다. 합리주의도 근대화의 하나입니다. 이처럼 그 현상은 여러 방면에 걸쳐 있습니다. 게다가 그것은 나라에 따라, 지역에 따

푸코 Michel Paul Foucault, 1926~1984. 20세기를 대표하는 프랑스 철학자. 포스트모더니즘 사상가의 대표 격이며 실존주의 후의 현대사상을 견인했다.

라, 계층에 따라서도 다르게 나타납니다.

그러므로 대문자 'MODERNIZATION(근대화)'이 있는 것이 아니라 사실은 여러 개의 소문자 'modernization'이 있는 것입니다. 근대화는 상상력을 불러일으키는 것이었기에 대문자 '근대'라는 허초점을 목표로 하여 모든 것이 구동되었던 것이라고 생각합니다.

한편 일본에 찾아온 서양의 건축가들은 일본인의 서양 환상 사이에서 엄청난 갈등을 했을 것이라고 여겨집니다. 일본에 찾아온 그들은 일본을 만나 일본의 좋은 점과 새로움을 발견했을 테니까요.

예컨대 국회의사당을 설계한 독일인 엔데(Hermann Gustav Louis Ende, 1829~1907)와 뵈크만(Wilhelm Böckmann, 1832~1902)은 처음에 화양절충안을 냈으나 정부에 의해 거부당했습니다. 또 독일 건축가 브루노 타우트(Bruno Taut, 1880~1938)도 가쓰라리큐를 높이 평가했고 대나무나 일본 전통 종이 등의 일본적 재질을 좋아해서 디자인에 살렸는데, 당시에는 일본인에게 이해를 받지 못했습니다.

유럽의 문화를 단순히 일본에 이식하는 것이 아니라 일본 문화와 융합하려 한 것인데, 정작 일본인에게는 받아들여지지 않았습니다. 굉장히 아이러니한 일이었습니다.

하지만 그들 이방인(스트레인저)이 일본에 타자의 눈을 가져온 것은 분명합니다. 19세기 후반 파리를 중심으로 자포니슴 선풍이 일어난 것도, 조시아 콘더를 비롯한 예술가들이 우키요에 등의 에도江戸 미술을 높이 평가한 것이 하나의 견인력이 되었습니다. 타자의 눈을 통해 일본의 문화가 발견된 것입니다.

화양절충안 서구와 일본의 절충안.(옮긴이) 가쓰라리큐 桂離宮, 교토 외곽에 있는 일본 황족의 별장으로, 17세기 초에 만들어졌다. 일본 건축과 정원의 전형을 보여 주는 곳으로 알려져 있다.(옮긴이) 자포니슴 Japonisme. 만국박람회 출품 등을 계기로 19세기 중엽부터 20세기 초에 걸쳐 유럽이나 미국에서 보인 일본 취미를 말한다. 우키요에나 공예품 등의 예술적 가치가 높게 평가되었다.

'오가사와라 백작 저택'은 1927년에 지어진 양관을 복구해 2002년에 레스토랑으로 개업했다. '박지기법(가키오토시, 搔き落し)'이라 불리는 크림색 외벽이 인상적인 스페인풍 건축물이다. 설계는 화양절충식 건축이 특기였던 소네추조曾禰中條 건축사무소에서 맡았다. 게이오대학의 도서관 등도 직접 설계했던 사무소인데, 소네 다쓰조(曾禰達藏, 1853~1937)는 콘더의 제자 가운데 한 사람이다. 이슬람풍으로 디자인된 시가룸에서 여송연을 피우는 강상중 교수(89쪽). "이런 이색적인 공간이 도심 한가운데에 남아 있다니" 하며 헤테로피아를 체감하고 있는 모습이다.

그런데 근대화를 강력하게 추진한 결과 일본은 어떻게 되었습니까. 머지않아 전쟁으로 돌진합니다. 아시아에서 자신들은 중국보다도, 조선보다도 근대화했다며 말이지요. 경우에 따라서는 서양인보다 근대화한 것이 아닐까 하는 생각을 한 시대마저 있었습니다. 그리고 근대화의 우등생이었기 때문에 안쪽에서 강력하게 '반反서양' 움직임이 일어났습니다. 바로 지금 이슬람 사회의 '반근대', '반서양'이 이슬람 원리주의가 되어 나타난 것처럼 말이지요. 일본은 대일본제국으로서 전쟁으로 돌진한 것입니다.

그리고 종전 후에는 '미국 환상'에 사로잡힙니다. 패전이라는 좌절을 경험한 일본인은 미국의 대량 물자와 화려한 대중문화에 압도되었습니다. 근대화 추진의 중심이 지식인이었다면, 이번에는 대중이 열광적으로 미국화로 달려갔습니다.

하지만 아이러니하게도 서양 환상이건 미국 환상이건, 아무리 열심히 다가가려고 해도 결코 도달할 수는 없었습니다. 우리는 서양인도 미국인도 될 수 없으니까요.

전쟁이 끝나고 60년 이상 지난 지금에서야 가까스로 그런 환상에서 벗어날 때가 왔습니다. 하지만 아직 일본은 등신대等身大의 자신을 발견하지 못했습니다. 그리고 그러한 가운데 이번에는 아시아로 향하려고 합니다. 이번에야말로 자신들이 있어야 할 곳을 찾을 수 있을는지 모르겠습니다. 일본의 자기 찾기 여행은 앞으로도 계속될 것 같습니다.

3장

글로벌화하는
도쿄

샤넬 긴자점
シャネル銀座店

주오 구 긴자
中央区銀座

샤넬과 긴자와 브랜드

이번에 찾아간 곳은 샤넬 긴자점입니다. 멋 내기를 좋아하는 사람들이 동경하는 장소겠지요. 명품점에 들어가 본 일이 거의 없었던 저로서는 어쩐지 무척 긴장이 되었습니다.

샤넬이라고 하면 프랑스의 유서 깊은 브랜드입니다. 하지만 여기서는 '유서 깊다' 혹은 '전통'이라는 무거운 말과는 다른 것을 느꼈습니다. 생생한 컬러에 경쾌한 디자인. 세련된 건물에서도 혁신적인 분위기가 감돌았습니다.

애초에 샤넬을 만든 코코 샤넬이라는 여성은 답답했던 여성복에 신사복의 요소를 도입해 기능적으로 만든 사람입니다. 신사복의 소재였던 트위드tweed로 여성복을 만들기도 했고, 여성 재킷에 처음으로 호주머니를 달기도 했습니다. 점원의 설명에 따르면 숄더백을 만든 것도 샤넬이 처음이었다고 합니다. 그때까지 여성의 백이라고 하면 손에 드는 형태뿐이었습니다. 거기에 멜빵을 달아 여성의 양손을 해방시켰던 것입니다.

당시에는 '혁명아'로 불렸다고 합니다만, 그 정신이 계승되어 끊임없이 기술 혁신을 해왔기 때문에 샤넬은 100년이 지난 지금까지도 사랑받고 있는 것이겠지요.

그런데 긴자에는 샤넬을 비롯한 해외의 유명 명품점이 모여 있습니다. 샤넬 긴자점은 긴자 2초메町目 수오도리中央通り에 있는데, 그 네거리는 샤넬, 카르티에, 불가리, 루이뷔통이라는 명품점으로 둘러싸여 있습니다. 하루미도리晴海通り에는 아르마니, 크리스천디오르, 에르메스 등의 부티크가 줄지어 있습니다.

원래 긴자는 메이지시대에 문명개화의 상징으로 만들어진 거리입니다. 긴자 벽돌거리煉瓦街는 바로 '모던'의 상징이었습니다. 간토대지진으로 벽돌거리

벽돌거리 메이지 초기에 발생한 긴자의 대화재 이후, 타버리지 않는 도시 건설을 목표로 대로의 건물을 벽돌로 만드는 영국풍 건축물로 개조함으로써 서양식 거리가 만들어졌다. 그러나 1923년 간토대지진으로 그 대부분이 무너졌다.

는 사라졌습니다만, 그래도 일본의 유서 깊은 가게들이 늘어선 거리는 어딘가 고전적이고 전통의 본가 같은 정취가 있었습니다. 물론 긴자에는 예전에도 명품점이 있었습니다. 하지만 나미키도리並木通り 등지의 약간 후미진 곳에 있었습니다. 그러던 것이 10년 정도 사이에 한길에 무척 많은 가게들이 들어서게 되어 거리의 분위기가 크게 변했습니다.

여기에는 몇 가지 이유를 생각해 볼 수 있습니다. 우선 그 계기가 된 것이 대형 은행의 통합과 합병입니다. 1990년대 후반부터 지점의 통폐합이 진행되어 대로의 일등지가 비게 된 것입니다. 이를 계기로 풍부한 자금을 가진 해외 브랜드가 진출해 왔습니다. 긴자는 성인 부유층이 모이는 품격 높은 거리였으므로 이곳에 가게를 내는 것은 브랜드에 큰 이점이 되었을 것입니다.

일본인의 의식 변화도 있습니다. 거품경제 이전의 일본인은 사치스럽고 화려한 것에 대해 어딘가 죄책감 같은 걸 가지고 있었습니다. 금전욕을 드러내거나 부자라는 것을 과시하는 것을 '역겹다'고 생각하는 의식이 있었던 것입니다. 복장의 경우에도 '멋은 보이지 않는 곳에서'라는 말을 자주 들어 왔던 것입니다.

그런데 1980년대 이후 금융 자유화를 통해 변해 갔습니다. 2장에서 저는 롯폰기힐스를 "인간의 욕망을 어떤 척도 하지 않고 직접적으로 드러낼 수 있는 거리"라고 말했습니다만, 긴자 거리에도 의식의 변화가 나타난 것이라고 생각합니다.

그리고 또 하나, 여성의 사회 진출이 끼친 영향도 크겠지요. 일하는 여성이 늘어나 명품을 향유할 수 있는 경제력을 갖게 된 것도 패션 브랜드를 대로로

대형 은행의 통합과 합병 1990년대 초 거품경제가 붕괴한 후 불량채권을 안은 대형 은행이 재무 개선을 위해 통합과 합병을 반복했다.

내세우는 원동력 가운데 하나가 되었을 겁니다.

그래서 생각난 것이 어느 유명한 마르크스주의 경제학자의 말입니다. 그는 1967년에 모델 트위기Twiggy가 일본을 방문했을 때 미니스커트를 입은 그녀의 모습을 보고 "잉여가치가 걷고 있다"며 골수 마르크스주의자의 면모를 한껏 드러냈습니다.

'잉여가치'란 마르크스주의 경제학의 개념으로, 생활에 반드시 필요하다고는 할 수 없는 잉여노동에 의해 산출되는 가치를 말합니다. 분명히 1960년대에 패션은 잉여가치였는지도 모르겠습니다. 멋은 그저 사치일 수밖에 없었던 것이지요.

하지만 지금은 다릅니다. 의류 산업은 경제의 핵심에 자리 잡고 있고, 해외 브랜드도 일본의 대기업에 필적하는 매상을 올리고 있습니다. 사실 그것으로 지금의 긴자는 활기를 띠고 있는 것입니다. 그러므로 대로로 나오는 것도 당연합니다.

리먼 사태 이후에는 유니클로 등의 패스트패션 가게도 대로로 진출하면서 긴자는 더욱 변화하고 있습니다. 이 거리에도 가격이나 전통과는 다른 기준이 들어와 부유층 거리라는 개성은 서서히 사라지게 될지도 모르겠습니다.

그건 그렇다 지더라도 사람들은 왜 '명품'에 그렇게 목을 매는 걸까요. '소재나 디자인이 훌륭하니까', '장인의 기술력이 높으니까'라는 것이 원래의 명품이 지닌 매력입니다.

하지만 지금 다들 명품을 가지고 싶어 하는 것은 그 이유 때문만은 아닐 겁니다. 현대사회에서는 브랜드가 다른 사람과 차별화하기 위한 하나의 '기호'

트위기 1960년대에 활약한 영국인 모델. 깡마른 몸매여서 '트위기(작은 가지)'라는 애칭으로 불리며 세계적으로 인기를 얻었다. 1967년에 일본을 방문하기도 했다. '미니의 여왕'으로도 불렸으며, 그 영향으로 일본에서도 미니스커트가 크게 유행했다. / 패스트패션 최신 유행을 즉각 반영해 빠르게 생산하고 빠르게 유통시키는 의류.(옮긴이)

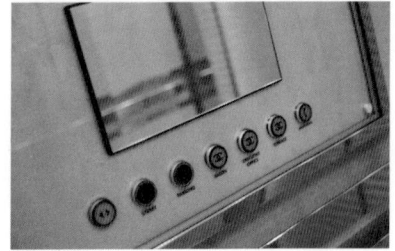

샤넬 긴자점의 트위드를 이미지화한 벽, 블랙과 화이트라는 샤넬 컬러를 기조로 한 실내 인테리어. 곳곳에서 건축가의 고집이 느껴지는 스타일리시한 공간이다. "장인의 높은 기술력이 느껴집니다. 디자인에 공들인 옷들뿐이어서 마치 패션 박물관에라도 와 있는 것 같습니다." 최근에는 긴자에도 중국인 관광객을 실은 버스가 멈춰 서게 되었고, 명품점에서 쇼핑을 많이 한다고 한다.

가 되고 있기 때문입니다.

'1억 총 중류계급'이라고 한 1970년대까지는 그 차이가 미묘했지만, 거품 경제가 붕괴한 이후에는 승자와 패자가 구별되어 그 차이를 거리낌 없이 부각시켰습니다.

물건이 이렇게까지 풍부해지지 않았다면 브랜드에 의한 차이화는 생기지 않았겠지요. 물건이 없었던 시대에는 집에 텔레비전이 있는가, 차를 갖고 있는가 하는 것으로 자연스럽게 차이가 생겼습니다. 하지만 기술이 널리 보급되고 대량 소비가 가능해지자 자신이 어떤 사람인지를 알 수 있는 이정표가 필요해졌고, 브랜드는 그 중요한 아이템이 된 것입니다.

즉 브랜드란 자신의 등급 평가를 보증해 주는 '부적' 같은 것이라고 생각합니다. 그러므로 그 로고를 붙이고 있으면 일종의 안도감을 느낄 수 있는 것입니다.

이제 브랜드는 세계 공통의 언어이므로 처음 만난 사람이라도, 언어가 달라도 그 로고를 붙이고 있으면 그 사람의 가치관이나 취향을 간파할 수 있습니다. 표층적으로라도 서로 이해할 수 있습니다. '저 사람의 백(가방)은 나와 같은 브랜드야' 하는 공통 인식. 그와 동시에 서로 백의 가치를 알아볼 수 있는 데서 생기는 차이. 이 두 가지가 미묘하게 맞물리며 브랜드를 지탱하고 있는 거라고 생각합니다.

더군다나 이 기호는 돈만 있으면 손에 넣을 수 있는 것입니다. 그러므로 어떤 의미에서는 가장 평등하고, 또 어떤 의미에서는 가장 불평등합니다. 무척 잘 구상된 경제 시스템인 것이지요. 이 기호를 둘러싼 차이화는, 빈부 격차가 더욱 심해질 미래 사회에서는 더욱 두드러질 것 같습니다. 브랜드의 가치는 점점 더 커지겠지요.

시장의
신은
누구에게
미소 짓는가

도쿄증권거래소
東京証券取引所

주오 구 니혼바시카부토초
中央区日本橋兜町

니혼바시카부토초는 일본 주식시장의 중심지입니다. 도쿄증권거래소를 중심으로 거리는 증권회사의 간판으로 메워져 있습니다.

예전에 이곳은 활기 넘치는 거리였습니다. 증권맨을 비롯해 사기꾼 같은 어중이떠중이들이 모여들어 잡다한 욕망과 열기가 소용돌이쳤습니다. 하지만 주식거래를 온라인으로 하게 되면서 지금은 정말 한산해졌습니다.

도쿄증권거래소 안에서도 사람을 거의 찾아볼 수 없습니다. 예전에는 입회인이나 중개인이 수신호로 '팔렸다!', '샀다!'를 외치며 주식거래를 했는데, 정보기술이 발전하면서 1999년 입회장이 폐지되었고, 그 대신에 생긴 것이 유리로 둘러쳐진 마켓센터(시장의 관리 업무를 보는 장소)입니다.

빙빙 회전하는 전광판에 주가가 조용히 게시되고 있고, 그 안에서 몇몇 사람들이 무료하게 일하고 있습니다. 그 목가적인 모습은 눈 감으면 코 베어 간다는 주식의 세계와는 정반대입니다.

이 기묘한 광경은 현재 금융을 둘러싼 문제와도 상징적으로 연관되어 있는 것 같습니다. 말하자면 자본주의의 추상화입니다. 실제로 여기에 돈이 있고, 중개인들이 돈다발을 세면서 매매하고 있다면 그 인상은 상당히 다르겠지요. 거기에는 실체가 있습니다. 하지만 모든 것이 온라인화하면서 돈은 완전히 기호화되었습니다.

도쿄증권거래소도 무기질적인 공간으로 변모하고, 번쩍였던 욕망은 보기 좋게 살균되고 있습니다. 오히려 이것이야말로 가장 선진적인 금융 시스템이라고 말하고 있는 듯합니다. 확실히 현재는 주식증권이라고 하면 고액 소득자나 자산가를 고객으로 하는 가장 세련된 자산관리 서비스업이라고 말할 수 있을 것입니다.

그러나 예전에는 달랐습니다. 옛날에 애덤 스미스(Adam Smith, 1723~1790)도 말했습니다만, 돈으로 돈을 낳는 것은 언어도단이지요. 『베니스의 상인』의 고리대금업자 샤일록으로 상징되듯이 금융업이나 대금업은 건전하지 않은 것으로 여겨졌습니다. 증권업도 마찬가지입니다. 불분명한 구석이 많아 옛날에는 수상쩍다는 이미지도 있었습니다. 특히 일본에서 유통이라는 서비스업은 물건을 만드는 제조업에 비해 열등하다는 믿음이 내내 있었습니다.

그런데 현실적인 세계경제를 보면 1970년대부터 이미 금융의 자유화가 시작되어 금융시장은 과열되어 갔습니다. 글로벌화가 진행되는 가운데 신속하고 기동성 있게 돈을 움직여 돈을 버는 데는 주식이나 환거래가 가장 적합했기 때문입니다.

그것을 가속화한 것이 오일달러였습니다. 중근동의 산유국이 오일로 번 막대한 돈을 차례로 투자하게 된 것입니다. 그것이 다시 금융 자유화의 돌파구가 되어 새로운 펀드나 금융기관이 만들어지고, 금융 상품은 점차 발전했습니다.

또 1980년대 말에 냉전체제가 붕괴되어 세계의 국가들이 자본주의로 매진한 것도 이러한 현상에 박차를 가했습니다. 그 결과 '돈'이 모두 것이 되고, 금융시장은 '신'이 된 것입니다.

한편 일본에서는 서구에 비해 금융 자유화가 10년쯤 늦었습니다. 1980년대에는 경제대국이 되어 있었으므로 금융을 자유화하기 전에 부동산 투기에 광분했던 것입니다.

여기에는 사실 음모설이 있는데, 그 무렵 일본은 미국에 대해 막대한 무역

『베니스의 상인』 16세기에 쓰여진 셰익스피어의 희곡. 악명 높은 고리대금업자 샤일록은 상인 안토니오에게 돈을 빌려 주고 그 담보로 그의 살점 1파운드를 요구한다. 샤일록은 흔히 탐욕적인 인간의 상징으로 인용된다.

현재 주식거래는 온라인으로 하게 되어 있기 때문에 도쿄증권거래소 안에는 사람이 거의 없다. 유리로 둘러쳐진 마켓센터에는 거래가 성사된 주가가 조용히 표시되며 빙빙 회전하고 있다. "마치 원자로의 중앙제어장치 같네요" 하며 마켓센터를 들여다보는 강상중 교수. "유리창 너머에 돈의 신이 자리 잡고 있는 듯한 분위기입니다." 그곳을 방문했을 때는 리먼 사태가 일어나기 반 년 전이었지만, 서브프라임모기지의 위험성을 예견하고 있던 것이 인상적이었다.

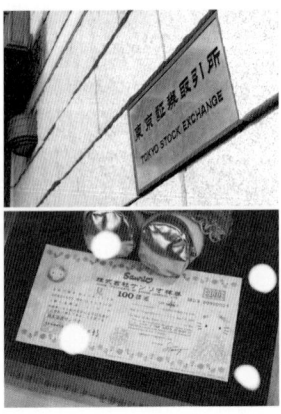

흑자를 안고 있었기 때문에 미국이 '내수를 확대하라'는 압력을 가했다는 것이지요. 그리고 당시의 나카소네 내각이 이번에는 '리조트를 개발하라', '골프장을 지어라' 하고 부동산 투기를 조장했다는 주장도 있습니다. 그 탓에 땅값이 폭등해 부동산 거품이 일어난 것이고, 얼마 후 거품이 꺼졌습니다. 거품이 빠지고 텅 빈 일본 경제를 되살리기 위해 1996년 하시모토 내각은 마침내 본격적인 금융 완화 정책을 개시했습니다.

 규제가 완화된 일본 시장은 외국인 투자자가 보기에도 매력적이었을 겁니다. 우수한 기술을 가진 일본 기업을 매수하려고 수많은 외국 펀드가 몰려왔습니다. 특히 러시아나 중근동은 이제 정부 자체가 증권회사가 되어 정부 계

도쿄증권거래소

열 펀드를 만들고 있습니다. 그 자산이 수백조 원이라고 합니다. 일본 기업이 "수십 년이나 연구를 축적해 세계에서 으뜸가는 제조업체가 되었습니다"라고 말해도, 어느 날 "예, 매수!"라는 대답이 돌아오는 일이 벌어질지도 모릅니다. 그런 시대가 되어 버린 것이지요.

이러한 상황이니 자본주의의 미래는 이제 누구도 예측할 수 없습니다. 여러분도 여전히 생생하게 기억하고 있을 거라고 생각합니다만, 그것을 실감하게 해준 것은 역시 2008년의 리먼 사태였습니다. 미국의 서브프라임모기지 문제를 발단으로 대형 투자은행 리먼브러더스가 파산하고, 그것을 계기로 전 세계가 금융 위기에 빠졌습니다.

도대체 서브프라임모기지란 무엇이었을까요. 간단히 말하자면 신용 등급이 낮은 저소득층을 대상으로 주택자금을 빌려 주는 미국의 주택 담보 대출 상품입니다. 자산도 없고 급여도 적은 사람들에게 말입니다. 1990년대 후반부터 미국은 부동산 거품이 끼었으므로 토지 가격이 올라갈 것이라고 보고 신용을 넘어선 대출을 해준 것입니다.

그런데 2007년 무렵부터 이 대출금의 상환 연체율이 높아져 경영 파탄에 내몰리는 금융기관이 나왔습니다. 문제는 그것만이 아니었습니다. 서브프라임모기지는 주택저당채권으로 증권화되어 다양한 금융 상품 안으로 편입되어 시장에 뿌려졌습니다.

그런 줄도 모르고 다들 그 증권을 사버렸기 때문에 전 세계가 이 위험한 바이러스에 감염되고 말았습니다. 그 탓에 금융 상품의 가치는 없어지고 전 세계에서 동시에 주가가 폭락하는 사태가 일어났습니다.

그때 목격한 것은 대기업이나 금융기관은 국가의 구제를 받지만 작은 데는 아무런 구제도 받지 못하고 파산되고 마는 부조리한 현실이었습니다. 미국에서는 대형 투자은행인 베어스턴스나 대형 보험회사 AIG, 그리고 자동차 제조사인 제너럴모터스GM 등이 '파산하면 미국 경제에 파괴적인 영향을 미친다'는 이유로 국가로부터 거액의 융자를 받아 도산을 면했습니다.

GM 회장은 250억 달러의 긴급 융자를 정부에 요구하기 위해 자가용 제트기를 타고 워싱턴으로 날아가 비난을 받았습니다. 하지만 한편으로 수많은 실업자가 나올 것을 생각하면 당연한 일입니다. 이것은 미국에만 한정된 이야기가 아닙니다. 일본에서도 수많은 중소기업이 버려지는 가운데 JAL은 구제되었습니다.

그러므로 요즘 시대에 가장 수지가 안 맞는 것은 보통 사람들입니다. 주식과는 아무런 인연도 없이 하루하루 땀 흘리며 열심히 일하는 사람이 어느 날 출근했더니 회사가 없어지고 마는 불합리한 일이 일어날지도 모릅니다.

평소 우리는 '경제'를 자신의 월급이나 소비라는 시점에서 보는 일이 많습니다. 하지만 실제로 우리의 생활은 터무니없는 마계 같은 세계와 연결되어 있습니다. 그리고 한번 마계의 현상이 일어나면 자신도 엄청난 타격을 받게 됩니다. 사신의 가계만을 생각해서는 이제 이 세계에서 살아남을 수 없는 것입니다.

신오쿠보
新大久保

신주쿠 구 하쿠닌초
新宿区百人町

크리올화

하는

도시의 언어

신주쿠에서 그리 멀지 않은 신오쿠보와 오쿠보 근처는, 아시아화가 진행되는 현재 일본의 편린이 뚜렷하게 나타나고 있는 거리입니다. 이번에는 이곳을 실마리로 도시와 언어에 대해 생각해 보고자 합니다.

애초에 이 일대는 전후 한국에서 들어온 노동자들이 많이 살게 되었고, 1980년대 말이 되자 한국식당이 늘어선 코리아타운으로 주목받게 되었습니다. 그런데 지금은 한국뿐 아니라 중국, 태국, 인도, 필리핀, 말레이시아, 미얀마 등 아시아 각국에서 온 사람들이 모여 있습니다. 오늘도 지나는 길에 다양한 언어가 귀에 들어왔고, 건물에는 일본어와 한국어, 중국어 등이 섞여 있는 간판이 빽빽이 걸려 있었습니다.

그리고 자세히 보니 그 아시아의 언어가 일본어를 멋지게 도입하면서 변화해 가고 있다는 것을 알 수 있었습니다. 언어학적으로 말하자면 일종의 '크리올creole화'입니다.

크리올이란 다른 언어를 가진 사람 사이의 접촉에서 생긴 공통어가 다음 세대에 모국어가 된 것을 말합니다. 크리올 언어를 말하는 그들은 조상 전래의 '국어'와는 다른 언어를 말함으로써 아이덴티티가 단절되는 문제가 있습니다. 하지만 그 반면에 전통에서 해방됨으로써 더 자유로워지는 긍정적인 면도 있습니다.

햐쿠닌초의 언어 변화가 그 정도라고는 말할 수 없지만, 이질적인 것이 섞여 거리가 활성화되고 있다는 것은 분명하겠지요.

원래 일본에는 옛날부터 한국말이나 중국말이 들어와 있었고, 반대로 중국이나 한국에도 일본어가 들어가 있었습니다. 지리적으로 가까운 아시아의 언

코리아타운 한국·조선계 주민이 많이 사는 지역. 일본 최대의 코리아타운은 오사카 시 이쿠마 구이고 신오쿠보는 그 다음이다. 쇼쿠안 거리와 오쿠보 거리 사이의 일대를 가리킨다.

어는 알 수 없는 형태로 녹아들어 있는 경우가 많습니다. 그러므로 언어라는 것은 결코 고정적인 것이 아니라 늘 변모하고 있는 것입니다.

한편 도쿄 전체를 보면 아직도 신오쿠보만큼 다언어적인 상황은 아닙니다. 오히려 도쿄의 언어 분포도를 보면 세계의 계층 질서가 뚜렷이 나타나 있다는 것을 알 수 있습니다.

무슨 말인가 하면, 지금 도쿄는 핫스폿hot spot을 수직으로 확대하고 있습니다. 롯폰기뿐 아니라 마루노우치, 시오도메, 시나가와는 점점 더 고층 건물을 짓고 있는데, 그곳은 역시 '영어'의 세계입니다. 그리고 그 장소에서는 주변부인 신오쿠보 같은 세계가 거의 보이지 않습니다. 물론 최근에는 아시아에서 찾아오는 부유한 여행자도 늘었기 때문에 도심의 백화점이나 지하철에서도 중국어나 한국어 안내판을 볼 수 있게 되었습니다. 하지만 아직은 도심부와 주변부가 분단되어 있는 것 같습니다.

이는 마치 금융의 글로벌화로 자본이 집중된 서구의 여러 나라들과 거기에서 뒤처진 가난한 나라들이 분단되어 버린 세계의 축도縮圖 같습니다. 결코 바람직한 모습이라고는 생각되지 않습니다.

원래 메트로폴리탄은 세계의 글로벌 자본과 직결되는 장소와 완전히 땅바닥을 기듯이 살고 있는 사람들, 그 양쪽이 집적되어 있는 곳이 아닐까요. 도시가 가상적인 것에 의해 연결되고 아무리 아름답게 장식되어 있다고 해도, 거기에는 영세 기업에서 일하는 사람도 있고 노숙자도 있습니다. 그런 사람들이 있어야 비로소 도시의 신체가 성립한다고 생각합니다.

그러므로 도쿄라는 도시도 가능한 한 분단되어서는 안 되고, 좀 더 다양한

많은 한국식당이 늘어서 있는 신오쿠보의 쇼쿠안 거리. 예전에는 밤이 되어야 흥청거렸지만 요즘에는 한류 붐 덕에 대낮부터 수많은 여성들로 북적인다. "강상중 씨 맞죠?" 하며 말을 걸어오는 이도 꽤 있었다. 덧붙여 말하자면 일본어 외에 한국어, 영어, 독일어가 능숙한 강상중 교수. "제게 모국어는 일본어입니다. 재일 한국인 1세인 부모가 한국어로 말하는 일도 있었으니 자연히 한국어가 귀에 들어왔습니다. 하지만 한국어를 제대로 배운 적이 없고 거의 독학으로 습득했습니다." 한편 독일어는 대학원을 졸업한 후에 독일로 유학을 갔을 때 습득했다고 한다. "처음에는 일상회화를 할 수 없어서 고생했습니다. 칸트의 『순수이성비판』은 읽을 수 있어도 생활 언어를 몰랐던 것이죠. 철학 교재에 '양파'라든가 '저민 고기'라든가 하는 말은 나오지 않으니까요." (웃음)

언어가 어지러이 섞이고 사람들의 소리나 냄새가 소용돌이치는 거리가 되면 좋겠습니다.

이러한 상황은 도쿄에만 한정된 이야기가 아닙니다. 지금 세계에는 '영어제국주의'라고까지 할 정도는 아니라고 해도 일종의 '영어중심주의'가 만연해 있습니다. 글로벌화에 뒤처지지 않으려고 너도나도 영어회화 학원에 다니고 있습니다. 영어라는 언어에 의해 세계가 표면적으로 균질화되고 있는 것입니다.

이는 한국도 마찬가지입니다. 다만 일본과 조금 다른 것은, 최근 한국에서는 필리핀에서 영어를 공부하는 것이 크게 유행하고 있다는 점입니다. 값싼 여비로 바캉스를 즐기면서 영어로 샤워를 하고 오는 것입니다.

물론 교사는 필리핀인입니다. 필리핀에는 원래 타갈로그어가 있습니다만, 영어도 공용어인 까닭에 아시아 최대의 영어권 국가입니다. 멀리 미국이나 호주까지 가지 않아도, 바로 가까이에 그런 나라가 있으므로 한국인은 점차 필리핀에서 영어를 습득하는 것에 거부감을 갖지 않게 되었습니다. 지금 필리핀 세부 섬에는 속속 영어회화 학원들이 생겨나고 있습니다.

그에 비하면 일본인들은 영어를 쓰는 것은 오직 백인뿐이라는 믿음이 너무 강한 것인지도 모르겠습니다. 하지만 그것은 큰 착각입니다. 영어는 대문자 'ENGLISH' 하나만 있는 것이 아닙니다. 여러 개의 잉글리시가 있습니다. 'englishes'라고 해야 할까요.

같은 영국에서도 스코틀랜드와 잉글랜드의 영어가 다르고, 아시아에는 아시아의 영어가 있습니다. 싱가포르에는 '싱글리시'라는 싱가포르 특유의 영어가 있습니다. 그렇게 생각하면 영어를 배울 수 있는 채널이 얼마든지 있는데

싱글리시 싱가포르에서 쓰이는 영어. 싱가포르는 말레이어를 국어로 하고 있지만 영어도 공용어이기 때문에 일상생활에서 영어가 널리 사용되고 있다. 중국계 민족도 많기 때문에 광둥어 등의 영향을 받은 독특한 악센트나 사투리가 있으며 문법도 독특한 형태로 발달해 있다.

도, 일본에서는 영어에 관한 기존 관념이 너무 강해 그 채널을 좁히고 있는 것 같습니다.

그리고 또 하나, 어학 습득은 분명히 이문화 이해에 필수적입니다만, 그 반대로 작용하는 경우도 있습니다. 말을 할 수 있게 되면서 위화감이 깊어지는 경우도 있는 것입니다.

예컨대 외국인이 일본어를 조금이라도 하면 다들 입에 침이 마르도록 칭찬합니다. 그런데 말의 미묘한 느낌까지 알게 되어 인사이더로 들어오면 이번에는 위화감을 느낍니다. 그리고 "근데 넌 왜 여기 있는 거야?" 하며 배타적이 되곤 합니다. 이런 경향은 어느 나라에나 있습니다.

그래서 외국어를 상당한 수준으로 공부한 사람이 갑자기 높은 벽을 느끼는 일이 있습니다. 자신을 받아 주지 않는다는 실망감 때문에 반대로 국수주의적인 사람이 되는 경우도 있습니다. 어느 문화에나 최후에는 눈에 보이지 않는 얇은 피막이 있고, 외부인이 그것을 뚫고 들어가기는 쉽지 않습니다.

그러므로 흔히 '이문화 이해'라고 합니다만, 결국 '이해할 수 없는 것도 있다'는 것을 전제해야 합니다. 이해할 수 없는 것이 있어야 비로소 '이문화 이해'가 성립합니다. 그것을 염두에 두는 것이 중요합니다.

지의

공동체는

어디로

가는가

도쿄대학
東京大学

분쿄 구 혼고
文京区本郷

'도쿄대학'이라는 말을 들으면 여러분은 어떤 이미지가 떠오르나요? 만화 『드래곤 사쿠라ドラゴン桜』가 화제가 되는 등 편차치에서는 도쿄대학이 여전히 신화성을 지니고 있습니다만, 사회가 다양해지면서 이 대학을 정점으로 하는 지의 피라미드는 해체되고 있는 게 아닐까요. 현실로부터 격리된 공간 안에 권위자가 모여 있는, 그런 '상아탑'의 환상은 이미 사라졌을 겁니다.

하지만 전쟁 전에는 도쿄대학과 국가가 밀접하게 연결되어 있었다고 생각합니다. 도쿄대학이 설립된 것은 1877년(메이지 10년)입니다. 일본 최초의 근대적인 대학으로 탄생했습니다. 당초의 목적은 국가의 중추적인 인재를 육성하는 것, 그리고 국가에 중요한 지식이나 기술을 연구하여 국가의 발전에 기여하는 것이었습니다.

그러므로 국가를 건설하는 데 중요한 도로, 철도 등의 인프라와 그 정비에 필요한 토목공학을 비롯해 법학부를 중심으로 국가의 중추에서 일할 엘리트들을 배출하는 관료 양성 기관이었던 것입니다. 1886년에는 '제국대학'이라 개칭하여 대일본제국의 최고 학부로 자리 잡았습니다. 전후에 다시 '도쿄대학'으로 이름이 바뀌었지만, 지금도 구내의 낡은 맨홀에는 당시의 흔적이 새겨져 있습니다.

즉 어떤 의미에서 도쿄대학은 근대국가 일본과 함께 걸어왔다고 해도 좋습니다. 좋은 의미로든 나쁜 의미로든, 나라의 정책을 따르는 국립대학의 한 정점이었다고 생각합니다.

하지만 그 한편으로 이 대학에는 전쟁 전, 전쟁 중, 전쟁 후에 국가나 그때의 권력으로부터 자립하여 사회를 향해 발언해 온 역사가 있습니다.

『드래곤 사쿠라』 미타 노리후사(三田紀房, 1958~)의 만화로 2003년부터 2007년까지 고단샤(講談社)의 만화잡지 『모닝』에 연재되었다. 삼류 고등학교에 특별진학반을 만들어 도쿄대학에 입학시키는 이야기다. (옮긴이) 편차치 일본에서 입학시험의 합격 가능성을 나타내는 통계로 널리 쓰이고 있다. 시험 성적을 전체의 평균치로 환산해서 전체 중에서 어느 정도 위치에 있는지를 알 수 있게 하는 방식이다. (옮긴이)

예컨대 메이지시대에 나쓰메 소세키는 도쿄대학 강사를 한 후 다수의 명작을 발표했는데, 소설 『산시로』 등을 보면 도쿄대학의 학문이나 교육을 신랄하게 비판합니다. 또 도쿄대학 교수였던 요시노 사쿠조는 천황이 주권을 쥐었던 당시에 정치는 민중을 위해 존재한다는 '민본주의'를 전개하고 다이쇼 데모크라시에서 중요한 역할을 했습니다. 그러므로 국가에 다가가려는 면, 그리고 가깝기에 국가와 거리를 두려는 면이 모두 있었다고 생각합니다.

그리고 그것이 대학 투쟁, 특히 도쿄대학 투쟁에서 아주 극적인 형태로 분출했던 것입니다. '대학 투쟁'이란 1960년대 후반에 전국의 대학에서 일어난 학생과 대학 당국 사이의 무력 충돌입니다. 등록금 인상이나 미일안전보장조약 등을 반대하며 운동이 일어나 당시에는 큰 사회문제가 되었습니다.

그 활동은 주로 전공투 학생들을 중심으로 전개되었습니다. 1969년 도쿄대학의 야스다 강당이 학생들이 설치한 바리케이드에 의해 봉쇄되는 등 도쿄대학은 학원 분쟁의 상징적인 장소가 되었습니다. 결국 기동대가 진입해 사태는 수습되었지만, 야스다 강당 사건 이후 대학은 크게 변했습니다.

그때까지는 학문의 자유와 자립을 지키기 위해 외부 권력의 간섭을 거부해 왔습니다. 하지만 그 이후에는 대학의 독립성보다 안전성을 외치게 되어 자유로움과 활달함이 위축되고 만 것처럼 보입니다. 학생도 관리되는 일에 완전히 익숙해져 버렸습니다.

사회에서 대학의 역할이 변한 것도 대학의 존재 방식을 바꿔 놓았습니다. 즉시 도움이 되는 것을 요구하는 흐름에 따라 대학의 학문은 '실학實學'을 중시하게 된 것입니다. 구체적으로 말하자면 공학, 엔지니어링, 그중에서도 토목

요시노 사쿠조 吉野作造, 1878~1933. 정치학자. 다이쇼 데모크라시 운동의 이론적 지도자. 천황 주권하의 일본에서 민주주의를 제창하고 보통선거 실시 등을 주장했다. 다이쇼 데모크라시 다이쇼기大正期에 현저해진 민주주의적 사조를 말한다. 도시 중간층의 정치적 자각을 배경으로 메이지 이래의 번벌이나 관료 정치에 반대하고 호헌 운동, 보통선거 운동을 전개해 요시노 사쿠조의 민주주의나 자유주의, 사회주의 사상이 고양되었다.(옮긴이) 전공투 전학공투회의 全學共鬪會議의 약칭. 1960년대 후반의 대학 분쟁 때 무당파 학생들이 각 대학에서 만든 운동 조직. 나중에 신좌익계 학생이 가입했다.

도쿄대학의 정문 아카몬 앞 등 교내에서 촬영했다. 강상중 교수는 '도쿄제국대학'이라고 새겨진 맨홀 등 도쿄대학의 역사를 간직하고 있는 장소로 안내해 주었다. 도쿄대학의 상징인 야스다 강당은 1969년의 바리게이트 봉쇄 이래 쭉 폐쇄되어 있다가 1989년에 이르러서야 다시 사용되기 시작했다. 무려 20년 동안이나 봉인되어 있었던 것이다. "요즘 학생들 중에는 학원 투쟁 같은 걸 모르는 사람이 많을 겁니다. 정치의 시대를 지나면서 대학도 완전히 바뀌었습니다. 지금의 대학 교육은 말하자면 지적 서비스업입니다. 대학과 학생이 서비스를 제공하는 측과 소비자라는 관계가 되었습니다." 대학이 법인화하면서 그런 경향은 더욱 강해졌는데, "예전에는 전근대적이었던 인사제도도 상당히 공개되었고, 다양한 불상사도 표면화되기 쉬워졌습니다. 법인화에 꼭 나쁜 면만 있는 건 아니라고 생각합니다."

공학, 에너지나 물리 등의 응용 과학기술입니다.

특히 최근 10년의 글로벌화에 따라 그런 흐름은 단숨에 속도를 더했습니다. 글로벌리즘이 금융공학, 정보공학 등 넓은 의미의 엔지니어링에 의존했기 때문에 대학의 학문도 더욱 실학 본위가 된 것입니다. 글로벌화가 '지'의 형태를 바꾸었다고 할 수 있습니다. 이는 세계의 공통된 경향입니다.

이에 비해 홀쭉해진 것이 인문학, 즉 휴머니티스humanities입니다. 존재의 근본 원리를 탐구하는 형이상학적인 것, 사변적인 것, 관념적인 것, 또는 현실에서 아주 먼 역사적인 것. 얼핏 즉시 도움이 되지 않을 것으로 보이는 그런 학문들은 틈새로 쫓겨났다는 느낌입니다.

애초에 인문학이라는 것은 인간의 행동에 대해 "왜?", "무엇 때문에?"라고 묻는 학문입니다. "왜 살아가는가?", "왜 전쟁이 일어났는가?", "왜 일하는가?" 등 인간이 살아가는 목적이나 사회의 바람직한 가치와 크게 관련되어 있는 학문입니다.

하지만 글로벌화에 따라 사회가 다양해지고 개인들의 자유가 강조되면서 무엇이든지 개인의 판단에 맡겨지고, 인문학적인 테마도 모두 "내 마음이지" 하는 식이 되고 말았습니다. 게다가 인문학적인 물음에는 정답이 없기 때문에 인간의 존재 의미에 대해 고뇌해 보았자 전적으로 시간 낭비일 뿐이라는 것입니다.

그렇기 때문에 '왜'라는 문제는 블랙박스에 넣어 두고 모두에게 공통되는 목적, 예컨대 누구나 '돈을 갖고 싶다'는 식의 목적을 갖고 있다는 전제하에서 앞으로 나아가려는 것입니다. 그리고 교육은 그 목적을 달성하기 위해서는 어떤 수단이 합목적적인가, 즉 그렇게 즉시 필요한 능력을 중시하는 방향으로 움직여 온 것 같습니다.

그런 방향으로 키를 돌린 대학이 교양이나 인문학을 소홀히 한다면, 그것은 우려할 만한 일입니다. 다행히 도쿄대학에서는 교양이나 인문학을 복권시키려는 움직임이 활발하기 때문에 앞으로 기대를 할 수 있다고 생각합니다.

다만 유감스럽게도 일반적인 현 상황은 대학의 학문이 전문적으로 분화되고 있다는 것입니다. 최근 일본에서는 폭넓은 교양을 가르치기보다는 전문적인 지식을 주입하는 것을 대학의 존재 이유로 삼고 있는 듯합니다. 하지만 역시 그것만으로는 충분하지 않다고 생각합니다. '교양'이 뒷받침되어야 비로소 전문적으로 분화된 지가 의미 있지 않을까요.

아무리 돈을 벌어도 그것을 어떻게 써야 행복해질 수 있을지, 경제학으로는 알 수 없습니다. 클론이나 유도만능줄기세포 induced pluripotent stem cell 등의 뛰어난 과학적 성과를 얻어도 그것을 어떻게 사용해야 인류가 행복한지, 의학 자체는 가르쳐 주지 않습니다.

애초에 무엇 때문에 살아가는지, 어떤 사회를 지향해야 하는지를 알 수 없다면 풍요로운 사회는 구축할 수 없습니다. 그런 의미에서 폭넓은 교양, 인문학의 확고한 토대가 필요한 것입니다.

설령 정답에 이르지 못한다 하더라도 의미나 목적에 대해 생각하는 사고 회로를 배우는 것은 굉장히 중요합니다. 그리고 그것이야말로 지의 공동체인 대학의 본래 목적이라고 생각합니다.

시나가와 수족관
しながわ水族館

시나가와 구 가쓰시마
品川区勝島

수조 안에서 유유히 헤엄치는 물고기나 바다표범은 인간의 시선을 어떻게 느끼고 있을까요. 만약 인간이 투명한 수조에 넣어져 항상 사람들의 시선 아래 살아야 한다면 아마 견딜 수 없을 겁니다. 타인의 끊임없는 시선은 어떤 의미에서 물리적 폭력보다 위협적입니다.

　하지만 글로벌화가 진행되고 사회의 불확실성이 높아진 지금, 스스로 이 수조에 들어가 감시되고 관리되기를 바라는 사람이 결코 적지 않은 것 같습니다.

　글로벌화란 무엇일까요. 영문을 알 수 없는 변종mutant이 생겨나는 시대입니다. 금융 파탄의 계기가 된 서브프라임 모기지론도 그렇고, 전 세계적인 유행이 우려되는 신형 인플루엔자도 그 하나일 것입니다.

　다양한 것이 섞이거나 활동 범위가 모호해지는 등 지금까지는 생각할 수 없었던 이물異物 같은 것이 산출됩니다. 도처에 위기가 편재하는 '전반적 위기' 상황입니다.

　일찍이 우리는 세계가 글로벌화하면 여러 가지 제약을 넘어설 수 있게 되어 모두가 행복해질 거라고 믿었습니다. 하지만 그 반대였습니다. 문명이 고도화하면 할수록 온갖 것들이 복잡하고 기괴해져 사회가 허약해지는 것입니다.

　이렇게 되면 1960년대와 같은 자유를 갈망하는 기풍은 사라지고, 오히려 사람들은 스스로 투명한 수조 속에 들어가 관리되기를 바라게 됩니다.

　미국에서는 2001년 9·11테러가 일어난 뒤로 개인의 프라이버시보다는 공공의 안전을 더욱 중요시하게 되었습니다. 마찬가지로 일본에서도 1995년 옴진리교 사건이 터지면서 도청법이 생겼습니다. 뭔가 영문을 알 수 없는 사건이 일어날 때마다 감시가 강화되어 가는 것이 요즘 시대입니다.

도청법 1999년 매스컴과 시민의 강한 반대 목소리를 누르고 도청법(통신방수법)이 통과되었다. 이로써 범죄 조사 방법으로 도청이 적법하다는 것을 명확히 했다.

디지털 기술의 향상이 그것을 더욱 가능하게 하고 있습니다. CCTV, 휴대전화의 GPS 기능, 역 개찰구의 통과 기록 등 일상생활에서 감시를 가능케 하는 다양한 신기술이 도입되고 있습니다. 그리고 다들 그것을 쉽게 받아들이고 있습니다. 반대하는 사람조차 적어졌습니다. 관리되는 것이 관습화되어 버렸습니다.

이런 이야기를 하면 자주 듣게 되는 것이 "자기만 떳떳하다면 CCTV가 있다고 한들 무슨 상관인가", "소지품을 검색한다 해도 아무런 문제가 없지 않은가" 하는 의견입니다. 하지만 이런 비난은 프라이버시라는 것을 모르고 있기 때문에 할 수 있는 말입니다. 프라이버시는 '떳떳한지', '떳떳하지 않은지'와는 상관없이 그 공개를 당사자의 자유에 맡겨야 하며, 그것이 정당하다고 간주되기 때문에 프라이버시인 것입니다.

알기 쉬운 예를 들자면, 침대에서 이루어지는 남녀의 행위에 대해 "떳떳하다면 사람들에게 보여 줘도 되지 않나"라고 말할 수는 없는 것입니다. 프라이버시를 공개할지 말지는 어디까지나 그 사람의 판단에 맡겨야 하는 것입니다.

좀 더 말하자면, 사회를 투명하게 하고 감시하면 안전한 사회를 만들 수 있느냐 하면 실은 그렇지도 않다는 것입니다. 주민기본대장네트워크시스템이나 도청법 같은 것을 만들어 위기를 관리하면 할수록 위기를 관리하는 그 시스템 자체가 새로운 위험을 낳습니다. 위험은 더욱 차원이 높아지고, 역으로 사회는 위험에 취약해지는 것입니다.

오히려 그런 것이 제대로 갖추어지지 않은 사회가 위험에 덜 취약하다고 생각합니다. 이분자異分子를 튕겨 내는 것이 아니라 사회에 편입시켜야 오히려

주민기본대장네트워크시스템 모든 국민에게 번호를 부여하고 그 기본 정보를 컴퓨터로 일원적으로 관리하는 시스템. 2002년부터 시작되었지만 개인정보 유출 문제도 있어 주민기본대장네트워크시스템에 참여하지 않는 시구정촌(市区町村, 한국의 시읍면에 해당하는 일본의 행정구역 명칭─옮긴이)도 있다.

내구성이 생겨나는 것입니다. 백신도 마찬가지입니다. 균을 접종함으로써 내성이 생기게 합니다. 그러므로 역시 잡균에 강해지지 않으면 안 되는 것입니다.

하지만 현재는 위기에 대한 체감온도가 낮아져 있습니다. '안전'이라는 이름하에 국가권력이 철저하게 개인의 생활이나 사상을 감시하고 통제하게 되면, 그 앞에 기다리고 있는 것은 조지 오웰(George Orwell, 1903~1950)이 그린 초감시사회가 아닐까요. 1949년에 출판된 근미래소설 『1984』에서 조지 오웰이 쓴 것은 실내에서든 실외에서든 모든 행동이 당국의 감시카메라에 감시되는 끔찍한 사회에서 살아가는 사람들의 모습이었습니다. 지금의 현실이 그것에 가까워지고 있습니다.

감시를 하면 반드시 분류가 생깁니다. 그 사람이 위험한가 위험하지 않은가, 이쪽 편인가 저쪽 편인가. 그렇게 되면 하나의 사회 안에 눈에 보이지 않는 벽이 둘러쳐지게 되는 것입니다.

실제로 눈에 보이는 벽을 만든 것이 이스라엘입니다. 팔레스타인 주거 구역을 격리하려고 분리 장벽을 만들었습니다. 그러나 그런 사회가 결코 행복을 가져오지 못한다는 것은 나치 독일이나 아파르트헤이트의 결말을 보면 알 수 있을 것입니다.

시나가와 수족관. 인기 있는 바다표범관에서는 지하로 둘러쳐진 투명한 터널을 바다표범이 종횡무진 오간다. 마치 해지도 시 같은 풍경을 즐길 수 있다. 가까이에서 커다란 가오리를 볼 수 있는 터널 수조나 역동적인 돌고래 쇼도 어린아이들에게는 인기다. "바다표범관은 수조에 쏟아져 들어오는 빛의 흔들림이 무척 환상적입니다. 이런 데서 한가하게 시간을 보내는 것은 기분 전환에 그만이네요."

감시사회라는 것은 실로 패러독스로 가득 차 있어 감시를 강화하면 할수록 본래의 목적이 날아가 버리고, 감시 자체가 목적이 되고 맙니다. 사람들의 자유를 지키기 위해 '최대한 자유를 억압하는' 사태가 벌어지는 셈입니다.

물론 이는 극단적인 예입니다만, 예컨대 앞으로 일본도 자신들이 완전히 보호되는 게이트시티를 만들어 허가된 사람만이 그 안에서 사는 사회가 될지도 모릅니다. 그리고 그것이 확대되면 그 앞에 기다리고 있는 것은 분열된 사회일 거라고 저는 생각합니다.

지금 세상에는 '모두의 안전과 안심을 위해 당신만이 마음대로 하는 것은 허락되지 않는다'는 분위기가 충만해 있습니다. 하지만 '국민 모두를 위해'라든가 '우리는 분노한다'라는 식으로 복수의 막연한 비인칭 주체들이 들고일어났을 때는 주의가 필요합니다. 감정이 증폭되어 국가의 폭주가 시작되지 말란 법도 없을 것입니다.

확실히 위험이 커지면 국가에 달라붙지 않을 수 없는 측면도 있습니다. 하지만 경우에 따라서는 개인의 이해와 국가의 이해가 서로 부딪히는 일도 있습니다.

그러므로 '우리'나 '국민'이라는 비인칭 주체에 모든 것을 맡겨 버릴 것이 아니라 자신이 어떻게 생각하는지, 그 실감을 소중히 했으면 합니다.

4장

도쿄의 문화,
도시의 문화

진보초 고서점가
神保町 古書店街

지요다 구 간다 진보초
澁谷区代々木神園町

아날로그적
지의 세계를
거닐다

처음으로 책의 거리 진보초에 간 것은 대학에 다닐 때였습니다. 그때는 학생이 헌책방을 돌며 책을 찾는 것이 진기한 일이 아니었고, 저도 자주 헌책방 순례를 했습니다. 고향 구마모토에서는 서점이라고 해봐야 거리에 두세 개 있는 정도였기 때문에 진보초의 많은 책에 일단 압도되었습니다. '지의 보고' 같은 이곳에서 관심 있는 책을 찾아 찻집에서 차를 마시며 보물을 바라보는 시간은 지극히 행복한 한때였습니다.

지금도 서점 수가 약 200개이고, 그 가운데 절반은 헌책방인 진보초는 세계 최대의 서점가입니다.

에도시대에 이 일대에는 무가武家의 저택이 많이 있었다고 합니다. 그러다가 메이지시대가 되어 그 터에 학교나 병원이 많이 세워지자 책을 취급하는 책방이 모여들었다고 합니다.

그 후에도 전화戰火를 면하고 거품경제 시기의 땅값 상승이라는 위기도 면한 서점가는 어딘가 옛날풍의 완고함을 간직하고 있습니다. 디자인에 공들인 간판이나 화려한 네온은 없습니다. 가게 안에는 어수선하게 책이 늘어서 있고 '사주세요' 하는 기색도 없습니다. 어떤 의미에서 신자유주의적 시장 서비스가 결여되어 있습니다.

하지만 바로 그렇기 때문에 이 서점가는 '견뎠다'고 생각합니다. 참으로 아날로그적 세계입니다만, 시대에 알랑거리지 않았기에 디지털 시대에도 살아남을 수 있었던 것입니다. 아마존이나 구글이 아무리 발달해도 이 거리의 매력은 사람들을 끌어당기겠지요.

그런데 전작 『청춘을 읽는다―강상중의 청춘독서노트』에도 썼습니다만, 제가 책을 자주 읽게 된 것은 열일곱 살 무렵부터였습니다. 그때까지 저는 야구 밖에 몰랐던 운동부 기질의 학생이었습니다. 그런데 그 무렵부터 프로야구 선수가 되고 싶다는 꿈도 시들해지고 점차 내부로 틀어박히게 되었습니다. 제 출신 문제로 고민을 하기도 해서 혼자 고립되었습니다.

그래서 마침 집에 있던 『세계문학전집』이나 『일본문학전집』을 손에 잡히는 대로 읽게 되었습니다. 보들레르의 『악의 꽃』을 읽고 충격을 받았고, 역사에 농락당하는 사람들을 그린 톨스토이(Lev Nikolayevich Tolstoi, 1828~1910)의 이야기에 감동받았습니다.

일본 문학에서는 아쿠타가와 류노스케(芥川龍之介, 1892~1927)나 나쓰메 소세키, 그리고 다자이 오사무(太宰治, 1909~1948)도 한때는 자주 읽었습니다. 그중에는 어려워서 도중에 내던진 것도 있었습니다만, 점차 '문학'의 세계로 끌려 들어갔습니다. 그럴 때 만난 것이 아쿠타가와의 어떤 말이었습니다.

> 인생은 한 통의 성냥갑과 닮았다. 중대하게 취급하면 바보 같다. 중대하게 취급하지 않으면 위험하다.(『난쟁이 어릿광대의 말侏儒の言葉』)

확실히 인생을 소홀히 취급하면 사람을 휩쓸리게 하는 재앙을 초래할지도 모릅니다. 하지만 그렇다고 해서 인생을 너무 소중한 것으로 생각해 겁쟁이가 되는 것은 그만두자고, 그 말을 만나 생각하게 되었습니다. 상처받을 것을 두려워하지 말고 자신을 가둔 껍데기에서 나가자고 말입니다. 이 말로 저는 구원받았습니다.

보들레르 Charles Pierre Baudelaire, 1821~1867. 19세기 중엽에 활약한 프랑스의 시인. 탐미적이고 퇴폐적인 분위기가 넘치는 시집 『악의 꽃』은 근대인의 우울을 그려 내 근대시에 혁신을 가져왔다.

실제로 문학에는 그런 힘이 있다고 생각합니다. 문학에는 일종의 '언령言靈'이 있어, 자신이 소설의 무대로 비집고 들어가기도 하고 감정이입을 하기도 하고, 역으로 19세기에 살았던 사람이 이쪽 세계로 찾아오기도 합니다. "간다를 어슬렁거리고 있을" 때 "저쪽에서 다가온 낯선 남자가 갑자기 나를 때려눕혔다." 평론가 고바야시 히데오(小林秀雄, 1902~1983)는 랭보와의 만남을 이렇게 표현했습니다만, 아쿠타가와의 「난쟁이 어릿광대의 말」에 나오는 경구가 제게 바로 그런 충격을 주었습니다.

또 최근에 토마스 만(Thomas Mann, 1875~1955)의 소설 『마의 산』을 다시 읽고 느낀 것은 '문학'이라는 것은 신에게 가장 가깝기도 하고 신에게서 가장 멀기도 한 것이 아닐까 하는 것이었습니다. 사랑, 우정, 돈, 삼라만상 등 다양한 것들을 둘러싸고 인간의 안쪽으로 파고들어 그려 가는 것이 문학입니다만, 그 안에서 사람들은 암울한 모습을 드러내고 있습니다.

인간은 이다지도 탐욕스럽고 고독하고 슬프고 추악한 것인가 하고 절망적인 기분이 듭니다만, 그 한편으로 인간의 숭고하고 자비심 깊고 아름다운 일면도 그려져 있습니다. 신에게 가까운 것과 신에게서 먼 것을 항상 이율배반적으로 포함하고 있는 것이 인간이고, 그런 인간의 본질을 그리고 있기에 문학은 문학일 수 있는 것이라 생각합니다.

그렇다고 문학을 읽으면 뭔가 답을 얻을 수 있느냐 하면 딱히 그렇지는 않습니다. 문학을 읽는다고 해서 지성이 쌓인다거나 인간성이 좋아지는 것은 아닙니다. 오히려 문학은 읽으면 읽을수록 고민이 더욱 커지는 것 같습니다.

그렇다면 왜 문학을 읽을 필요가 있는 것일까요. 그건 아마 책과 대화를 하

언령 말에 깃들어 있다고 믿어지는 신기한 힘.(옮긴이) "간나를 어슬렁거리고 있을 (…) 저쪽에서 다가온 낯선 남자가 갑자기 나를 때려눕혔다." 小林秀雄, 『考えるヒント4』, 文藝春秋, 1980. 랭보 Jean Nicolas Arthur Rimbaud, 1854~1891. 19세기 후반에 활약한 프랑스의 시인. 조숙한 천재로 알려진 상징주의의 대표적 시인. 20세기의 문학에 큰 영향을 미쳤다.

이날은 진보초의 헌책방을 순례했다. '잇세이도―誠堂 서점'(133쪽, 아래 사진)은 창업한 지 100년이 넘은, 대대로 물려 내려온 오래된 가게다. 서점 안은 스테인드글라스나 아르데코풍의 램프 등 복고적이면서도 격조 높은 디자인을 보여 주고 있다. 1층에는 일본 문학 관련 고서적, 2층에는 양서나 미술서 헌책이 놓여 있는 등 조용한 공간이 펼쳐져 있다.

또 '교쿠에이도 玉英堂 서점'(136쪽)에는 갖가지 희귀본이나 문호의 직필 원고가 놓여 있어 강상중 교수도 흥미진진해 보였다. "작가의 글씨에는 역시 인품이 나타나 있는 것 같습니다. 미시마 유키오의 글씨는 주의 깊고 단정하여 일종의 소심함을 드러내고 있는 듯했습니다."

면서 비대해진 자기로부터 또 한 사람의 자기를 발견해 나갈 수 있기 때문일 겁니다. 자신이 안고 있는 양면성에 대해 생각한다거나 자신의 존재 이유에 대해 깊이 사색함으로써 거듭 자신을 발견할 수 있습니다. 문학은 그 계기를 주는 것입니다.

특히 현대와 같이 꽉 막힌 듯한 시대에는 그러한 자기 내부의 대화가 필요합니다. 앞에서 소개한 토마스 만의 『마의 산』에는 '무엇을 위해?'라는 의문에 "시대가 공허한 침묵으로 일관한다면, 좀 더 솔직한 인간성을 지닌 사람의 경우 그러한 사태로 인한 모종의 마비 작용은 거의 피할 수 없다"라는 구절이 있습니다. '나는 무엇을 위해 살고 있는지'가 자명하지 않은 시대는 젊은이를 우울하게 만듭니다.

우리가 젊었을 때는 목적이 확실했습니다. 가난했으므로 하여튼 열심히 일해서 풍요로운 삶을 손에 넣자는 목표가 있었던 것입니다. '무엇을 위해?' 하며 멈춰 서서 생각할 여유조차 없었습니다.

하지만 지금은 다릅니다. 이미 물질적으로 충족되어 있고 문화적으로도 나올 게 다 나와 버렸으니 그것을 고쳐 만들거나 반복할 뿐입니다. 저는 이를 '에피고넨(epigonen, 아류)의 시대'라고 부릅니다만, 모든 것이 정점에 달하고 만 지금, '무엇을 위해 일하는가?', '무엇을 위해 공부하는가?'라는 문제에 대해 명확한 답을 찾아내기란 어렵습니다.

끔찍한 이야기입니다만, 어떤 의미에서 명확한 답을 주는 것은 '전쟁'인지도 모릅니다. 전쟁을 하게 되면 그런 고민은 싹 날아가 버리기 때문입니다. 하지만 이는 절망의 선택입니다. 따라서 그런 게 아니라, 오히려 이런 시대이므

"시대가 공허한 침묵으로 일관한다면 (…) 모종의 마비 작용은 거의 피할 수 없다" 『마의 산』(을유세계문학전집 1) 上, 토마스 만, 홍성광 옮김, 을유문화사, 2008년 6월, 68쪽.

로 더욱더 문학과 마주하고 고민하며 스스로 답을 이끌어 냈으면 합니다.

어떤 책을 만나느냐에 따라 사람과의 만남은 달라지고, 어떤 사람과 만나느냐에 따라 책과의 만남도 달라집니다. '어떤 책과 만났느냐'가 당신의 사람됨을 형성하는 것입니다.

신주쿠
스에히로테이
新宿末廣亭

신주쿠 구 신주쿠
新宿区新宿

세련된
도회인이
사랑한 '웃음'

오늘은 '신주쿠 스에히로테이'에서 오랜만에 라쿠고落語를 즐겼습니다. 스에히로테이는 우에노의 스즈모토연예장鈴本演芸場이나 아사쿠사연예홀淺草演芸ホール과 나란히 대대로 물려 내려오는 요세寄席입니다.

객석 310석 정도의 작은 극장인데, 에도의 정취가 남아 있는 목조 건축에는 독특한 분위기가 감돌아 대중 연예의 전당이라는 느낌이었습니다. 라쿠고를 중심으로 도도이쓰都々逸나 곡예 등 다양한 공연이 매일 상연되고 있는데, 오늘은 평일인데도 많은 사람들로 북적거렸습니다.

시대가 맹렬한 속도로 변해 가지만 도심의 한복판에 이런 요세가 작은 불빛을 계속 켜오고 있다는 것은 감개무량한 일입니다. 이야기에 나오는 연립주택의 집주인과 세입자가 주고받는 대화도 이곳에서는 귀에 척척 들어옵니다. 서민 생활의 '멋'이나 애환을 피부로 느낄 수 있어 요세가 연면히 사랑받아 온 것이라 생각했습니다.

동시에 새삼스럽게 생각한 것은 역시 라쿠고는 시골 문화가 아니라 도회의 상인 문화라는 점입니다. 그러므로 세련되지 않은 것이 가장 안 좋은 것이고, 멋을 모르는 사람은 환영받지 못합니다. 이는 라쿠고의 웃음 속에 잘 표현되어 있습니다.

라쿠고의 골계나 해학(유머)에는 일종의 시니시즘cynicism, 즉 통상의 도덕을 냉소하는 태도가 포함되어 있는 것이 특징입니다.

예컨대 오늘 들은 이야기 중에도 요타로라는 좀 멍청한 청년이 나왔습니다. 그런데 라쿠고에서는 요타로를 통해 역으로 요타로를 바보 취급하는 사람을 비웃는 것이 가능합니다.

라쿠고 일본 근세에 생겨나 현재까지 계승되고 있는 전통적인 화술 예술 중 하나. 라쿠고는 한 사람이 부채를 들고 무대 위에 앉아 청중들을 대상으로 해학적인 이야기를 풀어 가는 형식의 예술이다.(옮긴이) 요세 라쿠고, 재담, 만담, 야담 등의 연예를 관객에게 보여 주는 대중 공연장.(옮긴이) 도도이쓰 속요의 하나로 내용은 주로 남녀 간의 애정에 관한 것이다.(옮긴이)

세속의 우월과 열등을 역전시킴으로써 원래는 따끔하게 아픈 일상의 사건을 웃음으로 바꿔 버립니다. 반권력까지는 아니더라도, 나라님이 하는 일에 '지당하다'고 말은 하지만 어딘가에는 속지 않으려고 조심하는 시니컬한 시점이 있습니다.

이러한 기지에 풍부한 유머를 그릴 때 가장 중요한 것은 자신과 대상의 거리입니다. 거리를 두기 때문에 우스꽝스러움도 나오고, 그 결과 웃음이 낯설게 하는 효과를 가져다주는 것입니다.

대상이 자기 자신인 경우도 있습니다. 자신을 상대화하여 '보잘것없는 자신'을 자학적으로 비웃습니다. 그렇게 함으로써 자신이라는 존재를 소중히 하지 않으면 안 된다는 믿음에서 다소 해방되는 것입니다. 다만 대상과 거리를 두는 작업은 지적으로 고도의 기술이므로 성숙한 감각이 필요합니다.

한편 비극에는 거리감이 없습니다. 자신의 감정과 대상이 일체화될수록 비극이 됩니다. 대상과의 일체화는 무척 기분 좋은 일이지만, 사실 자신에게 취해 있을 뿐인지도 모릅니다. 최근에는 영화나 책을 읽고 마음껏 울고 싶다거나 눈물을 흘리며 등장인물과 일체화하고 싶다는 사람이 많은 것 같습니다. 하지만 그것은 성숙하지 않다는 뜻이기도 합니다.

대상과 얼마나 거리를 두느냐 하는 문제는 만사에 통하는 것으로, 학자에게도 중요한 문제입니다.

문호 나쓰메 소세키는 라쿠고를 무척 좋아해서 자주 요세에 다녔다고 합니다. 그래서 그런지 초기 작품인 『나는 고양이로소이다』나 『도련님』을 읽으면 라쿠고가 그의 피가 되고 살이 되어 있다는 것을 잘 알 수 있습니다. 경묘한 템

포나 아이러니를 포함한 웃음은 바로 라쿠고 자체입니다.

그러므로 소세키가 다야마 가타이(田山花袋, 1871~1930)나 시마자키 도손(島崎藤村, 1872~1943) 등의 자연주의 문학을 비판한 것입니다. 거기에는 대상과의 거리감이 없기 때문입니다. 진지하게 자기 폭로를 하지만 거기에는 지적 관찰에 기초한 객관성이 없다고 소세키는 생각했던 것이겠지요.

소세키는 여유파라는 말을 들었습니다만, 정말 여유가 있어 거리를 둘 수 있었다기보다는 의식적으로 대상과 거리를 두었던 것이라 생각합니다. 그렇게 하지 않았다면 그런 유머는 생겨나지 않았을 것입니다.

좀 더 말하자면 '대상과 일체화하지 않는다'는 것은 어떤 의미에서 '닳고 닳았다'는 것을 뜻합니다. 바로 그렇기에 라쿠고는 '도회인'의 문화인 것입니다.

이질적인 것이 뒤섞여 있는 도회에서는 곧바로 뭔가를 믿는다는 것이 불가능합니다. 마을 공동체 사회에서처럼 예정조화적인 불문율로 움직이기는 어려우며 상대를 대상화하여 보지 않으면 안 됩니다.

한편 저 자신도 그렇습니다만, '촌놈'은 뭔가에 순수하게 열중하여 일체화하고 싶어 하는 경향이 있습니다. 물론 그런 진지함, 정직함은 무척 소중한 것입니다만, 진지함은 의외로 이기심을 뒤집은 것인 경우도 있습니다. 자신의 외곬수 같은 모습을 상대에게 강요하는 것입니다. '세련되지 못한 것'이란 바로 이렇게 남에게 무언가를 강요하듯 하는 것이라는 생각이 듭니다.

예컨대 오늘 들은 도도이쓰에는 "서방님께 옷도 받았고 뭐든 다 얻었으니까 이제 슬슬 헤어질까" 하는 유녀의 노래가 있었습니다. 시골에서 그런 말을 했다면 독한 여자라고 하겠지만, 화류계에서는 유녀와 진지한 관계가 되는 것이

1897년에 개관한 신주쿠 스에히로테이. 2차 세계대전 때 소실되었지만 1946년에 재건되었다. 현재는 열흘마다 출연자를 교체하며 공연하고 있어 다양한 연예를 즐길 수 있다. 그런데 일본 정치가에게는 왜 유머가 없는 걸까요? "그건 말이 정치의 생명인, 그런 정치를 하지 못했기 때문이겠지요. 일본은 반세기 넘게 하나의 정당이 정권을 움직여 왔기 때문에 말이 필요 없었습니다. 오히려 소선거구제가 되어 '땀을 흘리는 사람'이 필요해진 겁니다. 물론 그런 것도 중요하지만 희망을 말하고 사람들을 설득하기 위해서는 역시 말이 중요합니다. 이제 일본도 슬슬 말이 무기가 되는 성숙한 사회가 되어야겠지요."

오히려 촌스러운 일입니다. 하지만 '촌놈'은 진지하게 돈을 쏟아붓고 상대에게도 동등한 보상을 기대하고 맙니다. 그러므로 마을 공동체 사회에서는 라쿠고가 발달하지 못했겠지요. 도회 문화가 라쿠고를 키워 냈다고 생각합니다.

그런데 텔레비전에서는 요즘 만담 같은 것이 붐이라고 합니다. 하지만 저는 최근의 만담에서는 매력을 느끼지 못합니다. 원래 양질의 웃음이라는 것은 웃음의 대상을 살리면서 자아내는 웃음이라고 생각합니다.

앞에서 이야기한 것처럼, 웃고 있는 사람이 문득 정신을 차리고 보면 자신이 비웃음을 당하고 있는, 그 호환성이 웃음의 묘미라고 생각합니다. 그런데 최근의 만담 프로그램에서는 웃는 사람과 비웃음을 당하는 사람이 비대칭적인 관계에 있습니다.

서로 입장이 뒤바뀌는 것이 아니라, 만담 프로그램에서는 일방적으로 못난 상대를 철저하게 공격합니다. 항상 다수자에게 편승하는 데서 웃음이 나옵니다. 시청자도 자신이 비웃음을 당하는 일이 없으니 안심하고 볼 수 있겠지요. 하지만 제가 보기에는 좀 일그러진 웃음처럼 보입니다. 이는 웃음에만 한정된 것이 아니라 거의 모든 인간관계에서 정형화되어 있는 것 같습니다.

또 최근에는 이런저런 규제 때문에 웃음에 생생함이나 건전한 독이 완전히 빠져 있습니다. 비아냥거림이나 외잡스러운 것은 여과되고 시청자는 잡균이 없는 증류수만을 마시고 있는 것이나 마찬가지입니다. 이래서는 인간이 살아 있는 현실감에서 점점 더 멀어질 뿐입니다.

원래 문화라는 것은 증류수가 아니라 잡균이 득실거리는 물입니다. 꼭 요세에 가서 그런 현실감을 피부로 직접 느껴 보시기 바랍니다.

가부키자
歌舞伎座

주오 구 긴자
中央区銀座

전통과
혁신의
틈새에서

이치카와 소메고로(市川染五郎, 1973~)와 인연이 있어 요 몇 년간 몇 차례 그의 무대를 볼 기회가 있었습니다. 사실 가부키를 직접 본 것은 처음이었습니다. 하지만 어렸을 때부터 시대극을 좋아해서 영화나 텔레비전을 통해 많은 가부키 배우들에게 친숙해진 점도 있어 바로 그 세계에 매료되었습니다.

직접 본 무대의 아름다움이나 화려함은 물론이고 강력한 춤이나 가벼운 발동작 등 배우들의 운동량에는 그저 입이 다물어지지 않았습니다. 하루도 빠지지 않고 엄격하게 연습하지 않았다면 불가능했겠지요. 또한 낡은 것 같으면서도 뭔가 새로운 것을 느낀 것도 신선한 놀라움이었습니다.

아시다시피 가부키는 일본을 대표하는 전통 예능입니다. 에도시대에 탄생해 400년에 걸쳐 일종의 성역 안에서 세련되어져 왔습니다. 기예가 부모에게서 자식으로 계승되는 세습이라는 것도 알려져 있습니다. 그러나 그런 성역 안에 있으면서도 고안을 거듭하여 새로운 오리지널리티(고유성)를 더해 왔기 때문에 가부키는 현대에도 살아남았다고 느꼈습니다.

'전통'이라고 하면 사람들은 대부분 형태만 모방하면 되지 않느냐고 생각할지도 모릅니다. 하지만 그렇지 않습니다. 견고한 형태를 파괴하지 않고 원래 그대로 보존하는 것이 전통이 아니라, 끊임없이 혁신해 나가야 진정으로 살아있는 전통이 되는 것입니다.

바꾸어 버리면 전통이 아니게 되지 않을까라고 생각하는 사람도 있습니다. 그러나 그렇지 않습니다. 왜냐하면 전통이라는 것은 결국 현재를 살아가는 사람을 통해서만 구체적으로 표현될 수 있기 때문입니다.

예컨대 배우가 자신 안에 선대의 기예를 받아들일 때 그것은 전통이라는 익명의 것으로 바뀌지만 실제로 표현할 때는 익명이 아니라 구체적으로 '소메고로'나 누군가가 되지 않으면 안 됩니다. 자신을 통해서만 선인들이 쌓아 왔던 것을 표현할 수 있는 것입니다.

즉 지금 여기에 살고 있는 자신을 압살하는 것이 전통이 아니라 오히려 그 오리지널리티를 빛나게 함으로써 비로소 전통에 날개가 돋고 살아 있는 형태가 되어 현재를 사는 사람들을 끌어당기는 힘을 갖는 것입니다.

그러므로 '전통'과 '오리지널리티'는 완전히 상반되는 것처럼 보이지만 그렇지 않다는 것입니다. 더욱이 이때의 '혁신'은 파괴를 위한 혁신이 아닙니다. 다시 말해 '전위'가 아니라는 말입니다.

문화운동이나 예술운동은 대부분 기존 관념을 부정하는 전위적인 것으로, '지금'과 '여기'에서 모든 것이 결정됩니다. 이에 반해 전통 예능은 '지금'과 '여기'만으로 살아 있는 것이 아닙니다.

그런 의미에서 가부키 배우는 이중 삼중의 모순 안에 있는 게 아닐까요. 형태의 모방에서 시작하여 결국에는 전통과의 불꽃 튀는 관계 안에서 오리지널리티를 만들어 내지 않으면 안 됩니다. 세습이라고 하면 얼핏 편한 세계로 보입니다만 사실은 가혹한 세계라고 생각합니다. 쇄신하지 않고 그저 오늘도 어제와 똑같은 것을 하면 된다고 생각한다면 정말 형태뿐인 것이 되어 매뉴얼처럼 되고 맙니다. 그 결과 정체되고 마는 것이지요.

또 전통을 생각할 때 흔히 있을 수 있는 것이 '이건 잘못', '이건 해서는 안 돼'라고 뭔가를 빼나가는 감점법減點法으로 생각하는 일입니다. 그러나 그로 인해 전통의 생명력은 오히려 약해지고 마는 경우가 흔합니다. 그게 아니라

파괴되기 전의 가부키자에서 2008년 2월 〈가가미지시〉를 감상했다. 전반에는 시종 야요이, 후반에는 사자의 정령으로 분해 화려한 춤을 보여 준 이치카와 소메고로 씨. 정과 동의 대극적인 춤이었는데 어느 것이나 마음을 사로잡을 만큼 아름다운 춤이었다며 강상중 교수도 감탄했다. "사자의 정령이 보여 주는 격렬한 움직임도 압권이었지만 여자 역의 춤이 우아하고 훌륭했습니다. 소메고로 씨는 얼핏 가냘퍼 보이지만 옆에서 보면 마디마디가 굵고 단단합니다. 오랫동안 단련해 온 사람의 몸이라고 생각했습니다."

뭔가를 더해 갈 때 전통의 장점이 생겨날 것입니다.

그런 점에서 가부키 세계에서는 슈퍼 가부키(현대풍 가부키)를 만들어 본다거나 파리나 뉴욕에서 가부키를 상연하는 등 끊임없이 새로운 도전을 하는 것 같습니다. 소메고로 씨도 항상 신작에 몰두하고 있는 배우 중 한 사람으로, 저번에 본 무대에서는 에도가와 란포의 소설 『인간표범人間豹』을 가부키로 만드는 참신한 도전을 했습니다. 그리고 불안과 의심이 소용돌이치는 요즘 사회에 딱 맞는, 살아 있는 무대를 만들어 내는 데 성공했습니다. 변화를 두려워하지 않는 그런 사람들이 나오는 한 가부키는 전통의 생명력을 잃지 않겠지요.

또 잊어서는 안 되는 것은, 가부키에는 신체에 다양하게 축적된 것이 깃들어 있다는 점입니다. 여러 대에 걸쳐 쌓아 온 노하우나 지혜가 아버지의 신체를 매개로 아들에게 계승됩니다. 언어화하거나 분석적으로 이것저것 말할 수 있는 것이 아니라 구체적인 필터를 통해서만 전해질 수 있는 것입니다.

이는 임시변통으로 할 수 있는 게 아닙니다. 말과 달리 신체는 속일 수 없기 때문에 오랜 시간 엄격한 수련을 거치지 않으면 계승될 수 없습니다. 그러므로 관객을 배반할 수 없고, 긴 역사 속에서도 비바람에 견딜 수 있었던 것입니다.

이 신체성은 노能, 다도, 라쿠고 등 다른 전통 예능에도 적용되는 것입니다. 어쩌면 천황제도 그럴지 모르겠습니다.

정치 세계와 비교해 보면 잘 알 수 있습니다. 정치가도 2세, 3세 의원이 늘어나 거의 세습제와 같은 상황입니다. 그러나 그 세습 의원들의 취약성, 깊이 없음은 아베安倍, 후쿠다福田, 아소麻生 등으로 이어지는 총리대신의 사임극을 봐도 잘 알 수 있습니다. 정치의 경우는 신체성보다는 말이 중요한 세계이므

에도가와 란포 江戶川乱步, 1894~1965. 다이쇼시대부터 쇼와시대까지 활약한 소설가. 본격적인 추리 단편이나 기괴한 작품을 많이 남겨 일본 추리소설의 기초를 닦았다. 『인간표범』은 괴물 인간표범이 범하는 엽기적인 살인에 탐정 아케치 고고로가 도전하는 서스펜스물이다.

로, 정치적 역량이나 말에 대한 수련과 각오가 없으면 세습은 안이한 현상 유지로 흘러가 버릴지도 모릅니다.

예전에 소메고로 씨의 분장실을 방문했을 때 그는 "가부키 배우라는 일에 목숨을 걸고자 한다"고 말했습니다. 아들이 생겨 자신이 기예를 계승해 줄 입장이 되자 그런 마음이 더욱 강해진 것 같습니다. 과연 지금의 세습 의원들에게 그런 각오가 있을까요. 정말 보고 좀 배웠으면 좋겠습니다.

그런데 건물이 노후해지면서 가부키자가 철거되고 새로 들어서는 복합빌딩 안에 극장이 들어선다는 이야기를 듣고 안타까웠습니다. 가부키자는 전통 예능의 전당이고 수대에 걸친 배우들의 영혼이 깃들어 있는 장소입니다. 무기질의 건물 안에 들어감으로써 전승의 온기가 상실되어 버리는 것은 아닐까요. 다소 그런 쓸쓸한 마음이 들었습니다. 새로 들어서는 극장에 젊은 배우들이 다시 새로운 영혼을 깃들여 가기를 기대합니다.

가부키자 歌舞伎座. 1889년에 개설된 이래 개보수와 재건을 거듭하면서도 121년에 걸쳐 가부키의 전당으로서 전통과 역사를 키워 온 극장이다. 2010년 4월 30일 폐막식과 함께 휴관에 들어갔고, 새로운 가부키자는 2013년 봄에 완공될 예정이다.

꿈의 성지에서
빛나는
현대의 카리스마

진구구장
神宮球場

신주쿠 구 가스미가오카초
新宿区霞ヶ丘町

2008년 베이징올림픽은 아직 기억에 새롭습니다. 지금 중국의 기세를 그대로 보여 주는 호화찬란한 개회식이었습니다. 중국은 금메달 수도 미국을 제치고 1위를 했습니다. 일본 선수도 열심히 했습니다만, 신흥국이 대두하기도 해서 메달을 획득하기는 점점 더 어려워지겠지요.

그런 가운데 야구는 일본이 금메달을 노리는 경기 가운데 하나입니다만, 베이징올림픽을 마지막으로 올림픽 공식 경기에서 제외된다고 하니 좀 서운합니다.

일본에서도 최근에는 좋아하는 스포츠가 세분화되어 야구의 인기가 시들해지는 기미를 보이고 있습니다. 그런데 제가 대학을 다니던 1960년대 말 무렵은 아직 야구가 특별한 빛을 발하던 시대였습니다.

이 진구구장에도 소케이전早慶戰 때 응원하러 몇 번 와본 기억이 있습니다. 당시 소케이전은 대학 전체의 일대 행사로, 학생들은 전날부터 구장 앞에 늘어서 개장을 기다리며 마작을 하거나 술을 마셨습니다. 그리고 시합이 끝난 뒤에는 거리로 몰려 나가 밤중까지 술을 마시며 야단법석을 피웠습니다. 진구구장은 바로 '야구의 성지'였습니다.

사실 저의 어린 시절 꿈은 프로야구 선수가 되는 것이었습니다. 어렸을 때 부디 놀이라고 하면 동네 야구였고, 당시에는 후쿠오카가 연고시인 니시테쓰 라이온스가 전성기였으므로 구마모토 출신인 우리는 이나오 가즈히사(稲尾和久, 1937~2007), 다카쿠라 데루유키(高倉照幸, 1934~), 도요다 야스미쓰(豊田泰光, 1935~) 선수에게 빠져 있었습니다. 그리고 요미우리 자이언츠의 나가시마 시게오(長嶋茂雄, 1936~) 역시 동경의 대상이었습니다. 고등학교 시절도 야구부

소케이전 와세다대학부稻田大學과 게이오기슈쿠대학慶應義塾大學의 야구, 축구, 럭비, 조정 대항전이다. 게이오 관계자는 전통적으로 게이소전慶早戰이라 부른다. (옮긴이) 니시테쓰 라이온스 西鉄ライオンズ. 1955년부터 10년 남짓 인기를 얻은 프로야구 팀. 연고지는 후쿠오카 현. 호쾌하고 자유분방한 기풍으로 수많은 팬의 마음을 사로잡았다.

여서 와세다대학에 입학하고 나서도 사실 야구부에 들어가고 싶었습니다. 하지만 제게는 무리라고 생각해 단념했습니다. 씁쓸한 추억입니다.

그런 제게 도쿄6대학야구 선수는 스타였고, 진구구장에서 활약하는 그들은 반짝반짝 빛나 보였습니다. 아마 저만이 아니었겠지요. 그 무렵에는 남자아이라면 누구나 야구 선수를 동경했고, 진구구장이나 고라쿠엔後樂園에서 흥분했던 기억을 모두가 공유하고 있었습니다. 천황이 보는 시합에서 나가시마 시게오가 한신의 무라야마 미노루(村山実, 1936~1998) 투수로부터 홈런을 날렸을 때의 흥분으로 도쿄뿐만 아니라 일본 전역이 들끓던 시대였습니다.

그러므로 저는 전후 일본의 국기國技, 국민 스포츠는 '야구'라고 생각합니다. 미국에서 탄생한 미국표 국기. 어떤 의미에서 그것은 전후 일본을 상징한다고 말할 수도 있겠지요.

지금은 야구뿐 아니라 축구, 수영, 육상 등 갖가지 스포츠가 주목받는 시대입니다. 뉴스는 연일 스포츠 선수에 대한 기사뿐입니다. 우리는 왜 이렇게까지 그들에게 끌리는 걸까요. 한마디로 말하면 그것은 스포츠 선수가 갖고 있는 '담력' 때문이라고 생각합니다. 겁내지 않는 배짱 같은 것 말입니다.

구체적으로 말하자면 이렇습니다. 예컨대 야구 시합에서 9회 말 투아웃에 만루, 3 대 2로 자기 팀이 한 점 지고 있는 상황이라고 합시다. 이럴 때 '내게 타순이 돌아왔으면 좋겠다'고 생각할 수 있는가 하는 것입니다. 결국은 그 담력이 강한 승부욕이나 운을 끌어당기는 힘으로 나타납니다. 마치 신비한 힘이 작동하고 있는 것처럼 느끼고 관객은 감동하는 것입니다.

또 현대에는 유례가 없을 정도로 몸에 대한 관심이 높아지고 있습니다. 아

도쿄6대학야구 일본 대학야구의 선구적인 위치에 있던 와세다대학과 게이오대학의 대항전(소케이전)에서 시작되었다. 1903년에 제1회 소케이전이 열렸고, 1914년에 메이지대학明治大學, 그 뒤에 호세이대학法政大學과 릿쿄대학立敎大學, 그리고 1925년에 도쿄대학이 가세하여 도쿄6대학야구연맹이 발족했다. 현존 대학야구 리그로는 가장 오랜 역사를 지녔다. 리그는 토요일과 일요일에 진구구장에서 개최된다.(옮긴이)

름다운 육체를 목표로 다들 스포츠센터에 다니거나 다이어트를 합니다. 그런데 그 이상형이 이를테면 모델이거나 스포츠 선수입니다.

그리고 몸에 대한 과도한 관심 한편으로 점占이라거나 영혼 같은 정신적인 것에 대한 관심도 높아지고 있습니다. 상반되는 것 같지만 사실 이 두 가지는 보완관계에 있습니다. 눈에 보이는 것에 집착하는 한편으로 그것만으로는 안 되는 부분에 대해서는 정신주의로 향하는 것입니다. 그런데 그 양쪽을 겸비한 것처럼 보이는 것이 스포츠 선수가 아닐까요.

기능적으로 완벽한 아름다움을 구현한 강한 육체와 신이 내린 듯한 강한 정신, 이 두 가지를 겸비하고 있으니 이제 가장 강력한 카리스마를 뿜어내는 이는 예술가도 아니고 경영자도 학자도 아닌 스포츠 선수인 것이겠지요.

그런데 올림픽에서는 반드시 문제가 되는 것이 스포츠와 정치의 관계인데, '스포츠는 정치와 무관하다'는 것은 피상적인 견해입니다.

스포츠는 로마제국 시대부터 정치에 이용되어 왔습니다. 영화 〈글래디에이터〉에서도 그려진 것처럼 황제는 콜로세움에서 검투사에게 목숨을 건 싸움을 시켰습니다. 이런 오락을 제공해 자신의 인기를 높이고 민중의 마음을 정치에서 딴 데로 돌리려 했던 것입니다.

특히 근대에 들어서는 스포츠 없이 국민의 육체와 정신을 생각하는 것이 어려워졌습니다. 2차 세계대전 이전 베를린올림픽에서는 독일 선수가 크게 약진하여 나치 독일을 찬미하는 데 기세를 올렸습니다. 냉전 시대에 열린 모스크바올림픽 때는 소련의 아프가니스탄 침공에 항의하여 일본을 비롯한 서방 국가들이 참가를 거부했습니다. 베이징올림픽에서도 티베트 문제와 관련하여

티베트 문제 티베트 주민에 대한 중국 정부의 무력 탄압에 외국의 여러 활동가들이 항의를 표명, 베이징올림픽의 성화 봉송을 방해하거나 개회식 불참을 호소하는 등 국제적인 문제가 되었다.

이날 진구구장에서는 프로야구 센트럴리그와 퍼시픽리그의 교류전으로 도쿄 야쿠르트 스왈로즈와 지바 롯데 마린즈의 시합이 열렸다. "프로 선수는 다들 몸집이 크네요. 배트의 스윙도 굉장히 빠르고요." 눈앞에서 보는 프로 선수의 연습 장면에 깜짝 놀라는 강상중 교수. 예전 고등학교 야구부에서는 3루수 또는 유격수였다고 한다. "야구라는 스포츠의 매력은 동적인 면과 정적인 면이 함께 있다는 점입니다. 조용한 장면에서는 허허실실 눈에 보이지 않는 밀고 당기기가 있는데, 관중이 그것을 알아채기란 힘듭니다. 하지만 그만큼 긴장감이 있고, 그 긴장감이 한번에 동의 세계로 바뀌는 데서 매력을 느낍니다."

같은 일이 벌어졌습니다.

그러므로 흔히 "스포츠가 정치적으로 이용되는 일은 좋지 않다"고 말하지만, 근대에는 스포츠 자체가 이미 정치적인 의미를 띠는 것입니다. 스포츠가 중립적이고 정치적으로 오염되지 않은 것이라고 생각하는 것은 일면적입니다.

결국 스포츠는 규칙을 세운 '전쟁'입니다. 그리고 올림픽이라는 것은 일정한 규칙 아래 나라 사이에 공공연하게 싸워도 된다는 것. 하지만 결코 상대에게 상처를 입혀서는 안 됩니다. 그러므로 역으로 생각하면 스포츠 경기로 싸움으로써 진짜 전쟁을 하지 않아도 되는 것이라면 이만큼 좋은 것도 없을 것입니다.

열성적인 응원을 바로 애국심으로 연결하여 성급하게 이런저런 말을 하는 사람들이 있습니다. 물론 상대국에 대한 폭력이나 중상은 허용되지 않고, 스포츠가 정치에 이용될 수 있음을 잊어서는 안 됩니다. 하지만 응원으로 다소 뜨거워지는 것은 당연한 일일 것입니다.

후쿠자와 유키치(福沢諭吉, 1835~1901)도 말했습니다. 나라를 사랑하는 마음은 '편파(불공평, 편애)'적인 마음이라고요. 또 좋은 일이든 궂은 일이든 사람은 자신이 잘 알고 있는 것에 친숙함을 느끼고, 그것은 '사적인 정'이라고 말이지요. 그리고 그런 마음이 있기 때문에 그 사회에서 살아갈 수 있는 것이라고 보면 결코 우려할 만한 일은 아닙니다.

아울러 스포츠에서 한국과 일본이 대전하는 경우 제가 어느 쪽을 응원하는가 하는 문제인데, 한국이 강한 경우에는 일본을, 일본이 강한 경우에는 한국을 응원합니다. 제 사적인 정도 상당히 편파적이고 복잡한 것입니다.

산겐자야
주오극장
三軒茶屋中央劇場

세타가야 구 산겐자야
世田谷区三軒茶屋

나의
시네마
천국

어렸을 때 저를 귀여워해 준 '아저씨'가 있었습니다. 혈연관계는 아니었지만 아버지의 일을 도와주며 한집에서 살았습니다. 그 아저씨가 엄청난 영화광이었습니다. 일주일에 한두 번은 영화관에 다녔는데, 자전거 뒤에 저를 태우고 자주 데려가 주었습니다. 제가 영화를 좋아하게 된 것은 그 때문입니다.

영화관에 가서 본 것은 주로 도에이東映의 시대극과 니카쓰日活의 액션영화였습니다. 특히 도에이는 요로즈야 긴노스케가 화려하게 데뷔하여 황금기를 맞고 있었습니다. 그가 주연한 우치다 도무(內田吐夢, 1898~1970) 감독의 〈미야모토 무사시宮本武藏〉(1961)는 지금도 시대극의 최고봉이라고 생각합니다.

당시는 영화가 오락의 왕자였으므로 영화관은 활기가 넘쳤습니다. 관객이 "그렇지!", "아이고 맙소사!" 하고 야유를 하거나 박수갈채를 보내거나 했습니다. 관객이 많을 때는 서서 보는 사람도 있었으니 바로 〈시네마 천국〉(1989)의 세계였습니다.

시대극이나 야쿠자물은 이야기가 단순했지만, 그렇기 때문에 인간의 기본적인 부분에 닿는 것이 있었습니다. 부모 자식 간의 유대, 남자의 우정, 남모르는 사랑, 인간의 정념 등 패턴이 확실히 정해져 있어 현대극에서는 표현할 수 없는 심플한 인간의 유형화가 가능했습니다. 그래서 아이들부터 노인들까지 공감할 수 있었던 것입니다.

서양 영화도 자주 봤습니다. 페데리코 펠리니(Federico Fellini, 1920~1993) 감독의 〈길La Strada〉(1954)이나 알랭 들롱 주연의 〈태양은 가득히Purple Noon〉(1960)처럼 한 인간에게 힘껏 초점을 맞춘 작품도 좋아했습니다만, 〈벤허〉(1959)나 〈닥터 지바고〉(1965) 같은 서사적인 활극을 더 좋아했습니다.

요로즈야 긴노스케 萬屋錦之介, 1932~1997. 쇼와의 영화 황금기에 도에이의 시대극에서 활약한 대스타. 젊었을 때는 가부키 배우 나카무라 긴노스케中村錦之助로서 무대에 올랐지만, 나중에 영화배우로 변신하는 데 성공했다. 다이에이大映의 이치카와 라이조市川雷藏와 함께 시대극의 양대 스타였다.

단순히 스케일이 크기만 한 것이 아니라 많은 사람들의 삶을 그리는 가운데 인간 드라마의 태피스트리가 짜여지는 것이었습니다. 역사 안에서 사람이 어떻게 살아가고 어떻게 죽어 가는지를 저는 이런 영화를 통해 배웠던 것 같습니다.

대학생이 되어 상경하고 나서는 '학습회'라 하여 자주 동료들과 철야 상영회를 보러 이케부쿠로의 문예극장에 다녔습니다. 장 콕토(Jean Cocteau, 1889~1963) 특집, 야쿠자물 특집, 오시마 나기사(大島渚, 1932~2012) 특집 등 온갖 영화들을 봤습니다.

그 무렵의 학생에게 영화는 단순한 기분 전환용이 아니었습니다. 1960년대와 1970년대 초의 영화에는 민중의 정념이 그대로 드러나 있었습니다. 사회의 밑바닥에 있는 사람들의 고통을 그린 작품이 많았는데, 그런 영화를 통해 사회나 역사와의 관련성을 감지하거나 공감을 심화하기도 했던 것이지요.

새벽에 영화가 끝나면 늘 다 같이 우동을 먹고 나서 집으로 향했습니다. 아라카와센 전차의 침목을 하나하나 밟으며 돌아갔습니다. 그때마다 선배에게서 길고 긴 영화 해석을 들었던 것도 좋은 추억으로 남아 있습니다.

오래전 이야기만 해서 아마 독자 여러분에게는 잘 와 닿지 않을지도 모르겠습니다. 하지만 제 인생은 그만큼 영화와 관계가 깊었고, 제가 살았던 시대는 바로 '영화의 시대'였습니다.

영화의 훌륭함에 대해 한마디 하자면, 야외에서 듣는 교향곡과 같은 확장성이 있다고 해야 할까요. 텔레비전에 견주어 보면 그 차이는 분명합니다. 텔레비전은 역시 개인용이고 화면도 작기 때문에 근접 촬영을 합니다. 장면이 잘

리기 때문에 여백이 보이지 않습니다.

　반면 영화는 배경을 살린 화면을 만들기 때문에 잘린 것 외에도 어떤 정경이 펼쳐져 있다는 것을 느낄 수 있습니다. 설사 조촐하고 아담한 작품이라고 해도 확장성을 느낄 수 있습니다. 그러므로 육감적으로, 신체적으로 흔들리는 것입니다.

　하지만 지금은 영화계 사정도 크게 달라졌습니다. 이를테면 지금은 거리의 작은 영화관이 점차 모습을 감추고 있습니다. 예전에는 긴자의 나미키자並木座에 가면 문예영화를 볼 수 있는 전문영화관이 있었는데, 이젠 그런 영화를 보는 즐거움도 사라지고 말았습니다.

　그 대신에 등장한 것이 '시네마 콤플렉스'라 불리는 복합상영관입니다. 스크린이 여럿 있고 쇼핑센터 등이 같이 있는 게 특징입니다. 1990년대에 미국에서 들어와 최근에는 도심에도 늘어났습니다.

　이용자의 편리성을 생각하고 만들어진 것이기는 합니다만, 그 배경에는 영화가 복제 가능해졌다는 시대성이 있는 것 같습니다. 옛날에는 그 기회를 놓치면 두 번 다시 볼 수 없다고 생각했기 때문에 정말 필사적으로 영화를 봤습니다. 그만큼 영화와의 만남이 선명하고 강렬했습니다.

　그런데 지금은 놓친 장면이 있으면 언제든지 DVD로 다시 볼 수 있습니다. 편리해지기는 했습니다만 '일회성'이 없어져 그만큼 진지하게 영화와 대면하지 않게 되었습니다. 예전에는 사소한 장면 하나도 놓치지 않으려고 엄청난 에너지를 소모하며 영화를 봤지만, 지금은 영화를 보는 데 그다지 에너지를 소모하지 않게 되었습니다.

갓파 물에 산다는 상상의 동물. 이 극장 간판에 갓파가 크게 그려져 있다.(옮긴이)

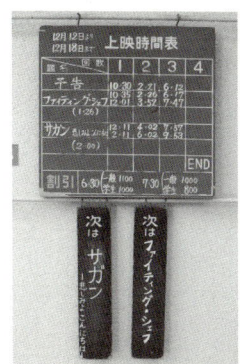

세타가야 구의 '산겐자야 주오극장'에서 촬영했다. 1952년 쇼치쿠_{松竹} 영화사 계열의 개봉관으로 출발했을 때의 모습을 그대로 간직하고 있는, 도쿄에서도 몇 안 되는 명화 극장. 갓파의 영화관으로도 유명하다. 정겨운 복고풍의 관내는 마치 시간 이동을 한 듯하다. 아울러 강숙중 교수가 생각하는 영화의 여신은 <우상을 찾아라>(1963)의 실비 바르탕과 <닥터 지바고>(1965)의 줄리 크리스티. "줄리 크리스티는 정말 아름다운 여배우로, 중학 시절에는 중간고사를 빼먹고 닷새 내내 영화관에 간 적도 있습니다. 좀 부끄러운 추억입니다." (웃음)

시네마 콤플렉스가 등장하게 된 데에는 그런 배경이 있습니다. 영화를 보는 데 에너지를 덜 소모하기 때문에 영화 보러 나온 김에 쇼핑도 하고 식사도 할 수 있습니다. 이를테면 '나가라족ながら族'입니다.

또 그 반대로도 말할 수 있습니다. 다른 일도 하고 싶기 때문에 영화는 '가벼운 것'이 좋다고 말이지요. 영화뿐 아니라 모든 것이 그렇습니다. 음악, 예술, 문화, 연애 등 모두 '무거운 것'이 경원시됩니다. 대용품이 얼마든지 있는 시대에는 '이 영화밖에 없다', '이 사람밖에 없다'고 외곬으로 생각하는 일이 없습니다. 위험은 줄었습니다만, 역으로 그것은 불행한 일이 아닐까 하는 생각을 하게 됩니다.

물론 영화의 오락성을 부정할 생각은 없습니다. 오히려 '재미있지 않으면 영화가 아니다'라고 생각합니다. 하지만 아무리 거액을 투자해 오락성이 높은 작품을 만들어도 인간을 그리지 않으면 역시 얄팍한 작품이 되고 맙니다. 특히 최근에 느끼는 것은 '영화로밖에 표현할 수 없는' 절실한 테마가 보이지 않는다는 점입니다. 영화라는 매체가 있고 거기에 테마를 갖다 붙이는 식이 되어 버렸습니다. 영화를 비즈니스 모델로 삼은 것이 오히려 영화의 매력을 반감시켜 버린 게 아닐까요.

원래 일본 영화는 '사람을 그린다'는 전통이 있었습니다. 오즈 야스지로 감독이든 구로사와 아키라(黑澤明, 1910~1998) 감독이든 일종의 장인 정신이 영화 문화를 지탱해 왔습니다. 지금이야말로 바로 그 원점으로 돌아갔으면 합니다. 앞으로의 일본 영화에는 그런 기대가 모이고 있습니다.

나가라족 예를 들면 음악을 들으면서 공부를 하거나 텔레비전을 보면서 밥을 먹는 사람들을 말한다. 하지만 지금은 그런 행동이 당연한 일이 되어 버렸기 때문에 별로 쓰이지 않는 말이 되었다.(옮긴이)

5장

원자화하는 개인

아 키 하 바 라
秋葉原

지요다 구 소토칸다
千代田区外神田

어딘지
쓸쓸한
오타쿠의
성지

아키하바라는 전 세계에서 관광객이 찾아오는 일본 유수의 전자상가입니다. 지금도 소부센総武線의 육교 아래에는 라디오 부품이나 전자 부품을 취급하는 점포가 모여 있습니다만, 이를 발단으로 아키하바라가 전자거리로 발전했다고 합니다.

고도경제성장기에 들어 텔레비전, 냉장고 등 가전제품을 취급하는 점포가 모여들었는데, 1990년대 이후에는 컴퓨터나 게임 관련 가게가 늘어나 지금은 '하위문화의 거리', '오타쿠의 거리'라는 얼굴이 완전히 정착했습니다.

반짝반짝 빛나는 네온사인에 가게 앞에서 들려오는 게임기의 전자음. 떠들썩한 거리를 걷다 보면 바로 이곳이 사이버 공간, 사이버 도시라는 느낌이 듭니다. 하지만 이 거리에서는 어딘가 쓸쓸함이 느껴집니다.

가전제품이라는 것은 결국 '물건'이라는 것이겠지요. 게다가 자동차 같은 고가 제품과는 달리 대중적인 소비재여서 굉장히 친근하고 평범한 것입니다. 무한한 확장과 풍요로움을 가진 것처럼 보이기 때문에 저도 두근두근하면서 쇼핑을 갑니다만, 실제로는 굉장히 흔해빠진 일상이 눌어붙어 있습니다. 그러므로 어딘지 모르게 쓸쓸한 것입니다.

그런 거리에서 2008년 6월 무참한 사건이 일어났습니다. 이른바 '아키하바라 묻지 마 살상 사건'입니다. 보도에 따르면 용의자는 학창 시절 성적이 우수했지만 최근에는 파견노동자로서 각지를 전전했고, 그런 과정에서 고독감이 심해지고 사회에 대한 증오심이 쌓였다고 합니다.

그는 휴대전화 사이트의 게시판에 1000번 넘게 글을 남겼습니다. 사건 당일에도 "아키하바라에서 사람을 죽이겠습니다"라는 글이 범행에 이르게 되기까

아키하바라 묻지 마 살상 사건 2008년 6월 쇼핑객으로 붐비는 아키하바라의 거리에서 한 남자가 트럭을 몰고 돌진하여 보행자를 친 뒤 통행인을 차례로 살상한 사건이다. 사망자 7명, 부상자 10명을 낸 대참사였다.

지의 사정과 함께 쓰여 있었던 일이 화제가 되었습니다. 그중에는 잊을 수 없는 말이 있었습니다. "승자는 모두 죽어 버려라", "그러면 일본에는 나밖에 남지 않는다"라는 글귀였습니다.

그는 승자가 있는 장소가 롯폰기 혹은 긴자라는 것을 기호적으로 알고 있었다고 생각합니다. 다만 그런 승자의 성지에 발을 들여놓은 적조차 없었던 것이 아닐까요. 그리고 오히려 자신과는 비교적 가까운 사람들이 있는 장소에서 흉악한 범죄를 일으키게 되었습니다. 자신과 가깝기 때문에 왜 나만 이토록 불행할까 하는 생각을 더 크게 갖지 않았을까 하는 생각이 듭니다.

거기에 이 사건의 안타까움이 있습니다. 그에게는 바로 살인이 사회와 자신을 연결하는 최후의 수단이 되었던 게 아닐까요. 그리고 범행으로 가까스로 자신의 존재가 인정된 것이지요. 물론 이러한 범죄는 결코 용서될 수 없습니다. 언어도단이지요. 무참하게 희생당한 분들이나 유족들의 심정을 생각하면 가슴이 찢어질 듯한 마음입니다. 하지만 그와 동시에 저는 용의자의 좀스러움을 느끼고, 안타까운 마음을 금할 수 없습니다.

그 사람처럼 커뮤니케이션에 서투른 사람은 IT 사회 이전에도 있었을 겁니다. 문제는 그런 사람들이 있을 장소가 예전에는 있었지만 최근에는 없어져 버렸다는 것입니다. 아키하바라는 그런 그를 허용해 주는 몇 안 되는 거리였겠지요. 이 범죄와 '오타쿠의 성지'로서의 아키하바라를 안이하게 연결시키는 것은 위험하다고 생각합니다만, 아키하바라가 용의자에게 특별한 장소였다는 것만은 분명해 보입니다.

그런데 '오타쿠 문화'란 대체 무엇일까요? '오타쿠'라고 하면 흔히 하위문화에 몰두하고 커뮤니케이션이 서툰 사람이라는 부정적인 측면이 강조됩니다만, 사실 오타쿠 문화는 일본의 시대사와 깊이 관련되어 있습니다.

한마디로 말하자면 전후에 추구해 온 풍요로움이 실현되어 일본이 과도하게 풍요로워지고, 과도하게 부유한 사회가 되어 버렸다는 것입니다. 거기에는 단절도 없고 변화도 없습니다. 수도대학도쿄首都大学東京의 교수 미야다이 신지(宮台眞司, 1959~) 식으로 말하자면, 계속되는 일상을 이대로 '부드럽고 감칠맛나게' 살아가는 수밖에 없습니다. 주어진 것 안에서 놀 수밖에 없는 것입니다.

프랑스의 철학자 코제브는 1950년대 이후의 미국형 소비사회를 보고, 머지않아 인간이 소멸하고 "동물로서 생존을 계속한다"는 것을 주저 『헤겔 독해 입문』에서 예측했습니다.

예컨대 동물의 식욕은 음식을 먹음으로써 충족되지만 인간은 다릅니다. 누구와 함께 먹는가, 요리사의 솜씨가 어떤가 등 생리적 현상 이외의 욕망이 있어 그것을 만족시키기 위해서는 타자의 개입이 필요합니다. 동물적 욕망과 인간적 욕망에는 원래 차이가 있는 것입니다.

그런데 미국형 소비사회에 의해 소비자의 필요는 기계적으로 직접 충족되게 되었습니다. 음식도 슈퍼마켓이나 패스트푸드점에서 손쉽게 구할 수 있습니다. '편리'라는 이름하에 타사와의 커뮤니케이션은 없어졌지만, 사람들은 그것으로 만족하고 있습니다. 평론가 아즈마 히로키(東浩紀, 1971~)도 말했듯이, 이는 상당히 '동물화'한 사회입니다. 하지만 거기서 풍요로움이라는 역설적인 현상이 일어나고 있습니다.

그리고 그것이 포스트모던과 맞닿아 사회적 시민이라든가 인권이라든가 자

코제브 Alexandre Kojeve, 1902~1968. 러시아의 모스크바에서 태어난 철학자. 20세기 중엽에 활약했다. 청년기에 독일로 망명, 그 후 파리로 이주하여 연구를 계속했다. 파리고등연구원에서 했던 강의의 강의록인 『헤겔 독해 입문』을 1947년에 간행했다.

이제는 아키하바라의 상징이 된 메이드 카페. 거리는 가게의 유인물을 배포하는 메이드들의 모습으로 흘러넘치고 있다. 아래 사진의 여자아이들은 메이드 카페의 점원이 아니라 메이드 코스프레로 거리에 나타나 관광객들에게 유료로 사진 촬영을 해주고 있다는 아르바이트 여고생들이다.

"남성의 시중을 드는 메이드는 아키하바라에 모이는 남성이 찾는 여성상이겠지요. 하지만 거기에는 가부키초歌舞伎町다운 리얼리즘이 없습니다. 오히려 리얼한 것을 지워 버리려는 사람들의 바람이지요. 그런 의미에서 아키하바라는 중성화된 거리라고 생각합니다."

아라든가 하는, 주체성을 가진 '인간'은 사라지고 있습니다. 오히려 세련된 소비문화를 통해 자기실현을 꾀하는 시대가 온 것이라고들 말하게 되었습니다. 오타쿠 문화는 그 아류 같은 것이라고 생각합니다.

이것이 세계의 조류라면, 이제 와서 오타쿠를 비판하는 것은 빗나간 것으로 보입니다. 다만 결국 오타쿠 문화가 어디에 이르렀는가 하면, 액상液狀처럼 서로를 연결하는 유대를 잃고 원자화해 있다는 것입니다. 다양한 이벤트 등으로 순간적으로는 군중으로서 일체감을 갖지만, 그 결합은 약합니다.

에도가와 란포의 「거울 지옥鏡地獄」이라는 소설이 있습니다. 거울로 된 구체球體 안에 스스로 틀어박힌 남자 이야기인데, 그에게는 아침부터 밤까지 자신밖에 보이지 않습니다. 끝내 남자는 미치고 맙니다. 아키하바라 묻지 마 살상 사건의 용의자도 결국 보고 있었던 것은 자신뿐이었다고 생각합니다. 거기에 구멍이 뚫려 타인의 얼굴이 보이고, 타자와의 상호 승인을 실감했을 때 비로소 사람은 자신을 되찾을 수 있습니다.

인간은 타자와의 관계 안에서만 살아갈 수 있습니다. 그러므로 문화를 생각할 때는 단지 '내가 즐길 수 있다면 되지 않나'라는 것만이 아니라 거기에 리얼한 인간으로 이어지는 회로가 있는가, 타자와 연결되는 회로가 있는가 하는 것을 다시 한 번 생각해 보았으면 합니다.

야네센, 골목의 기억

야나카·네즈·센다기
谷中·根津·千駄木

다이토 구~분쿄 구
台東区~文京区

야나카·네즈·센다기, 통칭 '야네센'이라 불리는 이 일대는 최근 몇 년간 인기 있는 산책 코스로 각광을 받고 있습니다. 휴일이면 젊은 사람부터 노인에 이르기까지 한 손에 지도를 들고 마을을 걷는 사람들이 아주 많습니다.

인기 비결을 한마디로 말하자면 '서민 정서가 떠도는 거리'라는 것이겠지요. 예전에 에도(江戶, 지금의 도쿄)의 중심은 니혼바시, 아사쿠사 등 동쪽에 있었고, '야네센'은 서민이 사는 장소로 활기를 띠었습니다. 얼마 후 사람들이 변경을 찾아 서쪽으로, 서쪽으로 이동하는 바람에 도쿄의 중심이 옮겨 가고 이 주변은 완전히 뒤처지게 되었습니다. 하지만 전쟁에 그다지 피해를 입지 않은 데다 다행히 대규모 개발도 피할 수 있었기에 지금도 옛날 거리가 그대로 남아 있습니다.

실제로 이 주변을 걸으면 어딘가 정겨운 풍경을 만날 수 있습니다. 에도의 정취가 느껴지는 길쭉한 연립주택이나 오래된 민가. 골목에는 지장보살이 조용히 서 있고, 옛날 모습을 그대로 간직한 상점가는 활기가 넘치고 있습니다.

특히 에도시대에 절이 많았던 야나카에는 지금도 절이나 묘지가 많이 남아 있고 녹음도 우거져 있습니다. 우에노와 혼고라는 두 평지의 골짜기에 있다고 해서 '야나카谷中'라는 이름이 붙었다고 하는데, 언덕이 있는 기복이 많은 지형도 음영 있는 풍경을 낳고 있습니다.

거리는 결코 아름답게 정리되어 있지 않습니다. 오히려 어수선한 편입니다. 하지만 역으로 말하자면 모듈화(규격화)되어 있지 않습니다. 그것이 매력입니다. 지금은 어느 거리나 구획이 잘 정리되고 한결같이 커다란 맨션이나 체인점이 생겨 다른 거리와 차별화할 수 없게 되었습니다. 하지만 '야네센'은 건물도 거리도 정비되어 있지 않습니다. 그런데 그런 느슨함 때문에 오히려 마음이 놓입니다.

이는 원래 일본 가옥이 갖고 있는 힘이기도 합니다. 예전에 어느 건축가에게서 서양 건축과 일본 건축의 차이에 대한 이야기를 들은 적이 있습니다. 서양 건축이 벽돌이나 돌로 벽을 쌓아 공간을 에워쌈으로써 확실한 형태를 만드는 것에 비해 일본 건축은 나무 들보나 기둥을 기본 구조로 하고 공간을 에워싸지 않는 것이 특징이라는 것이었습니다.

확실히 일본 가옥은 구멍이 많아 안과 밖으로 열려 있습니다. 또 장지문이나 맹장지로 칸막이를 하여 공간을 자유롭게 바꿀 수 있는 것도 특징입니다. 나쁘게 말하자면 애매하고 느슨한 구조입니다만, 좋게 말하면 유연하고 융통성이 풍부한 구조입니다.

이러한 특색은 습기가 많은 일본 날씨에 영향을 받은 것이라고 생각합니다만, 동시에 자연을 대하는 방식이나 커뮤니케이션의 방식도 반영된 것이라 생각합니다. 옛날 일본인은 개방적이고 자연과 일체감을 즐겼던 것이겠지요.

하지만 근대화와 함께 일반 주거도 공간을 에워싸는 방향으로 바뀌었습니다. 도쿄의 고층 맨션을 보면 알 수 있을 겁니다. 근대도시를 지향하면 불가피하게 그런 메트로폴리탄이 되고 맙니다. 최근에 사람들이 '답답하다'고 느끼는 것은 이런 점 때문인지도 모르겠습니다. 공간을 칸막이함으로써 프라이버시는 보호되지만 통풍이 나빠지고 커뮤니케이션은 폐쇄적이 됩니다.

또 효율화를 꾀하여 건물 안에 여분의 공간이 없어졌을 뿐만 아니라 도시 자체 안에도 여분의 공간이 점차 사라지고 있습니다. 예컨대 사람들의 삶이

낡은 일본 가옥이나 길가로 비어져 나온 나무가 어딘지 정겨운 '야네센'의 골목. 고즈넉하니 과거와 직결된 듯한 공간이다. 한편 야나카의 상점가 '야나카 긴자'는 평일인데도 많은 사람들로 북적였다. "옛날 그대로를 간직하고 있는 상점가라는 느낌입니다만, 손님들을 보니 이곳 사람들만은 아닌 것 같습니다. 야나카로 놀러 온 젊은 남녀도 있고 배낭을 짊어진 서구인의 모습도 있습니다. 아주 재미있는 거리네요." '저녁놀 계단'(178쪽 위)이라 불리는 곳에서 바라보면 야나카谷中가 골짜기谷인 것을 뚜렷이 알 수 있다.

숨 쉬는 조그만 골목은 서민 동네의 상징적인 풍경 중 하나이지만 지금은 도시에서 사라지고 있습니다. 폭 4미터 이하의 도로는 소방차나 구급차가 들어갈 수 없다는 이유로 점차 확장되었기 때문입니다.

재해가 일어났을 때 차가 지나갈 수 없다는 것은 확실히 문제일지도 모르겠습니다. 하지만 저도 어린 시절에는 고향의 골목길에서 자주 놀았기 때문에 무척 아쉽습니다. 골목과 같은 공간이 없어짐으로써 어린이들뿐만 아니라 어른들도 어딘가 압박감을 느끼게 된 것이 아닐까요.

'야네센'에는 복잡하게 뒤얽힌 조그만 골목이 아직 많이 남아 있습니다. 주택에 심어진 나무는 길가로 뻗어 나와 있고 그야말로 주민이 양치질을 하는 소리까지 들려오는 좁은 공간입니다. 하지만 사실 이러한 골목 같은 공간 안에 우리가 가장 그리워하는 기억이 가득 차 있는 것입니다.

아이들이 노는 소리나 생선 굽는 냄새. 사람이 살아가는 소리나 리듬, 자연의 색채 등 다채롭고 사랑스러운 기억입니다. 그것은 에도시대부터 그곳에서 살아온 사람들이 간직해 온 것입니다. 그래서 골목은 일견 쥐 죽은 듯하지만 온기가 있습니다. 누구의 것도 아니지만 단순히 익명으로 접하고 있는 것도 아닙니다. 우리는 그것을 '서민 정서'라고 말하는 것 같습니다.

한편 '교외'는 그 반대입니다. 누구라도 들락거릴 수 있는 열린 공간이지만, 자동차가 생활 속에 파고들어 인공적으로 만들어진 거리입니다. 정겨운 기억이, 이를테면 일정한 형태로 어딘가에 소중히 간직되어 있는 장소가 아닙니다. 그러므로 어딘가 공허한 느낌을 지울 수 없습니다.

물론 교외의 도로도 앞으로 몇 백 년 지나면 사람들이 살아가는 가운데 골목과 같은 것이 되기도 할 것입니다. 하지만 그러기 위해서는 새로운 도시 설계가 필요합니다. 고층 맨션들이 늘어서 있는 폐쇄된 공간이 아니라 프라이버시를 지키면서도 좀 더 모호하고 열린 공간 구성을 생각하지 않으면 안 되겠지요.

그런데 근래 '야네센'의 활기는 새로이 찾아온 젊은 예술가들의 힘에 떠받쳐지고 있습니다. 그들 덕분에 오래된 민가의 장점이 재발견되어 새로운 모드를 만들어 내는 갤러리나 공방, 카페로 다시 태어나고 있습니다. 원래 직인이 많이 살던 동네였고, 도쿄예술대학이나 도쿄대학이 코앞에 있었으니 문화적·예술적 소지는 있었을 겁니다. 그런 점이 훌륭하게 결합되어 동네가 활성화되고 있습니다. 문화의 힘이 있는 곳에는 반드시 커뮤니티가 생기기 때문에 이 동네에는 '노년, 장년, 청년'의 세대를 뛰어넘는 새로운 커뮤니티가 길쭉한 연립주택처럼 구축될 가능성이 있습니다.

최근에는 이곳을 방문하는 외국인도 늘고 있다고 합니다. 옛날 일본의 거리를 접할 수 있고 물가도 싸서 여행객에게도 매력적입니다.

즉 '야네센'은 '로컬이면서도 인터내셔널'한, 독특한 동네가 될 가능성을 안고 있습니다. 그러기 위해서는 문화의 힘을 내부에서만 배양할 것이 아니라 외부와 협력하여 개발해 나갈 필요가 있습니다. 보호만 할 게 아니라 탐욕적으로 받아들여 가는 것이 중요합니다. 골목의 매력에 끌려 찾아오는 스트레인저들에 의해 동네의 매력은 더욱 살아날 게 틀림없습니다.

갤러리 야나카의 명물 'SCAI THE BATHHOUSE'(179쪽 아래)가 그 대표 격이다. 200년의 전통을 가진 대중목욕탕 '가시와유柏湯'를 개조하여 갤러리로 만든 것이다. 그 외에도 아틀리에 겸 가게가 다수 있다.

고양이 카페

세타가야 구 기타자와
世田谷区北沢

고양이

카페 붐에서

보는

탈욕망화

'고양이 카페'가 유행한다는 말을 듣고 깜짝 놀랐습니다. 고양이와 놀기 위해 일부러 돈을 내고 오는 카페가 사업이 된다는 건 도쿄라서 가능한 것이겠지요.

도회에서 고양이 카페가 유행하는 이유는 몇 가지가 있다고 생각합니다. 우선 애완동물을 키우고 싶지만 키울 수 없는 사람이 많다는 것입니다. 맨션 등의 주거 환경에는 제약이 따르고, 혼자 사는 경우에는 돌볼 수 없기 때문에 살아 있는 것을 키우는 걸 포기하는 사람이 많습니다. 생각해 보면 제 어린 시절에는 동물과의 접촉이 아주 흔했습니다. 하지만 도회에서는 그것도 마음대로 되지 않습니다.

또 '위로'를 필요로 하는 사람들이 늘어난 것도 고양이 카페가 늘어난 이유 중 하나입니다. 현대 일본처럼 산업구조가 성숙하면 서비스 산업에 종사하는 사람이 늘어 갑니다만, 서비스업은 한마디로 말해 '커뮤니케이션'입니다. 물론 서비스업이라서 손으로 하는 노동과는 달리 사람과 사람의 만남이 있고, 직접 대면하는 좋은 관계를 구축하는 경우도 있습니다. 하지만 한편으로는 큰 스트레스가 되는 것도 분명합니다.

왜냐하면 서비스업이라는 것은 손으로 하는 노동과 달리 성과를 잘 알 수가 없습니다. 게다가 '이만하면 됐다' 하는 상한선이 없습니다. 불평이나 불만을 제기하는 손님 등 인간관계의 알력도 있습니다. 특히 일본식 서비스는 세심한 배려를 요구받기 때문에 신경을 아주 많이 씁니다. 혼자 고양이 카페를 찾는 남성 회사원도 적지 않다는 걸 보면 다들 지쳐 있는 것이겠지요.

이런 고양이 카페가 붐을 이루는 요인의 근저에는 '도시의 고독'이 있는지도 모르겠습니다. 하지만 그것은 너무나도 피상적인 요인입니다. 그런 것만 있는 건 아니라고 생각합니다.

예를 들어 지금은 집의 베란다에서 채소 따위를 재배하는 것이 유행하고 있습니다. 차도 한 집에 한 대씩 가지고 있는 것이 아니라 이용하고 싶을 때만 쓸 수 있도록 맨션 주민들끼리 공유하기도 합니다. 경제적으로 필요한 것을 필요할 때 씁니다. 세상은 그처럼 절약 지향, 에코 지향이 되었습니다. 그런 시대의 필요에 '고양이 카페'는 아주 잘 어울리는 것이 아닐까요. 집에서 키우기보다 필요할 때 고양이 카페에 가는 것이 낭비가 없는 것입니다.

그리고 고양이는 그런 '수축의 시대'를 상징하는 애완동물이라고 생각합니다. 고양이는 인간에게 달라붙지 않기 때문에 개만큼 손이 많이 가지 않습니다. 먹이도 어느 정도만 주면 그 뒤에는 시치미를 떼고 있습니다. 결코 걸근거리지 않습니다. 점점 살기 힘들어지는 시대의 흐름에 그런 성질이 맞았다고 생각합니다.

이에 비해 '개'는 힘차고 역동적이어서 키우는 데도 체력이 필요합니다. 먹이도 주면 주는 대로 먹어 버립니다. 바로 '팽창의 시대'의 애완동물이라고 해도 좋을 겁니다.

전후 일본의 경제는 계속 팽창해 왔습니다. '새로운 것을, 기능이 좋은 것을!' 하며 사람들의 욕망을 부추기고 부추겨 비대하게 하는 장치를 풀가동해 온 것입니다. 사람들을 만성적인 발정 상태, 욕망 과다 상태로 만들어 소비로 달려가게 하여 수요를 팽창시켜 왔습니다. 고도경제성장 시대의 대량생산, 대량소비는 그렇게 해서 유지되어 온 것입니다.

시모키타자와의 고양이 카페 'Cateriam'에서 촬영했다. 널찍하고 청결한 공간에서 서로 장난을 치거나 냄비 같은 그릇에 들어가 있거나 하면서 자유롭게 지내는 고양이들. "저는 내내 개를 키워 왔기 때문에 고양이를 다루는 데는 별로 익숙하지 않습니다. 하지만 이곳은 참 마음이 편하네요." 하고 긴장을 푸는 강상중 교수. 그러고 보니 그런 그의 주변에 자연스레 고양이들이 몰려들어 졸고 있었다. 가게 직원도 "이런 일은 참 드물어요." 하고 깜짝 놀라는 눈치다. "고양이는 새된 목소리를 싫어하고 낮은 목소리를 가진 사람을 좋아해요."라는 가게 직원의 설명을 듣고 보니 무심코 수긍이 됐다.

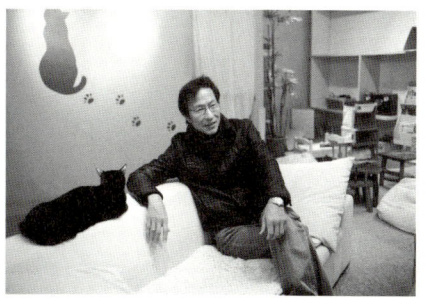

그런데 지금에 와서는 그 장치가 닳아 끊어지고 말았습니다. 이유는 간단합니다. 물건이 포화 상태가 된 것입니다. 맛있는 걸 매일 먹으면 '오늘 스테이크는 됐어' 하고 생각하는 것과 같습니다. '신제품'이라고 해도 마음을 움직이는 신기함이 없습니다. 그 비슷한 것을 이미 어디에선가 봤습니다. 이래서는 소비 의욕이 생기지 않습니다.

그리고 '정말 내가 갖고 싶은 것은 무엇일까?' 하고 사람들이 멈춰 서서 생각하게 되었습니다. 이것이 수축의 시대, 반성의 시대라는 것입니다.

자동차도 필요할 때 있으면 되는 게 아닐까, 브랜드 제품이 아니라 싼 옷이라도 좋지 않을까, 그 대신 돈은 내 취미를 위해 쓰고 싶다, 또는 노후를 위해 모아 두겠다, 하고 말이지요. 지금까지의 욕망의 존재 방식이 변화하여 큰 것, 새로운 것, 비싼 것이 좋다는 가치관이 사라져 버렸습니다. 그래서 물건이 팔리지 않게 되고 제조사 측은 한탄하고 있는 겁니다.

이런 변화는 어쩌면 필연이라고 생각합니다. 젊은이의 의욕이 없어지거나 저하된 것이 아니라 어떤 의미에서 소비자가 현명해진 것입니다. 지금 물건이 팔리지 않는 것은 경제의 순환이 디플레이션에 빠졌기 때문이라고 합니다. 하지만 저는 그런 게 아니라 뭔가 좀 더 큰 흐름의 한 국면이라고 생각합니다.

그러므로 예전과 같은 경기회복을 목표로 하지 않아도 되는 게 아닐까요. 신규 산업을 일으켜 욕망을 부추기는 방식에는 이제 모두들 지긋지긋해하고 있습니다. 지금까지 이어 온 그런 삶의 방식이나 라이프스타일에 많은 사람들이 의문을 갖고 있습니다. 오히려 그럭저럭하는 정도면 되니까 좀 더 다른 것에서 가치를 찾고 싶다고 생각하는 게 아닐까요.

'위로'라는 것이 이만큼 이야기되는 근간에도 '탈욕망화'가 있는 것 같습니다. 물건을 통해 양적으로 만족하기보다 질적인 것을 찾는 시대. 고도경제성장 시대에는 '위로'라는 말 자체가 없었으므로 최근에는 '초식계草食系'라는 말이 유행하고 있습니다. 이것도 그 흐름의 하나라고 생각됩니다.

그런데 우리 시대의 카페에는 '가성끽차歌声喫茶' 같은 게 있었습니다. 다 함께 노래하고 그사이에 정치 이야기를 거리낌 없이 하는가 하면 금세 또 맞붙어 싸움이 시작되거나 했습니다. 또 거기에 어른이 끼어들어 "청년들이여!" 하며 설교를 하기도 했습니다. 1960년대 말부터 1970년대 초까지는 모두가 일종의 조증躁症 상태였습니다.

유럽 같은 경우에도 그렇습니다. 특히 파리에서 카페는 사람과 사람의 커뮤니케이션 장이었으며, 문학가나 철학자가 모여 토론을 벌이면서 문화를 키워 왔습니다. 그러므로 일본의 젊은이들도 고양이와 이야기를 나눌 뿐만 아니라 꼭 사람과 마주하여 이야기를 나누었으면 좋겠습니다.

이렇게 말하고는 있지만 이번에 고양이 카페가 아주 편하다는 것을 깨닫게 된 저도 지친 현대인 중의 한 사람인지도 모르겠습니다.

초식계 여자에게도 쓰기 하지만 주로 이성과 어깨를 나란히 하고 부드럽게 풀을 뜯는 것과 같은 것을 바라는 남성을 말한다. 즉 마음이 부드럽고 남성다움에 속박되지 않으며 연애에 열성적이지 않은 남자에 대해 초식계 남자 또는 초식남이라고 하는 것이다. 애초에는 남녀 관계의 새로운 전형을 보여 준다는 긍정적인 의미도 있었다. 하지만 의욕이 없는 젊은이의 대명사로서 남녀를 불문하고 연애에 소극적인 젊은이라는 의미뿐 아니라 온실에서 곱게 자란 젊은이라는 부정적 의미로도 사용되고 있는 것이 보통이다.(옮긴이) 가성끽차 손님이 함께 노래하는 것을 목적으로 한 음식점. 1950~60년대에 크게 유행했다. 노래함으로써 연대감을 낳는 가성끽차는 학생운동이나 노동운동의 고양과 함께 전국으로 퍼져 나갔다.

산야
山谷

다이토 구 기요카와
台東区清川

빈곤과 고령화를 안고 있는 거리에서

'산야'는 다이토 구 기요카와의 나미다바시泪橋를 중심으로 한 일대의 통칭입니다. 에도시대부터 역참으로 번성한 동네인데, 전후 부흥기부터 고도 경제성장기에 걸쳐 노동 수요가 높아지자 일본 유수의 요세바로서 발전해 왔습니다.

토건국가 일본이 아직 굉장히 잘 돌아가던 시대였습니다. 전성기 때는 300곳 이상의 간이 숙박 시설이 늘어섰고, 2만 명의 노동자가 모이는 도야가이ドヤ街로서 흥청거렸습니다. 노동자 대부분은 도호쿠東北나 호쿠리쿠北陸에서 돈을 벌기 위해 모여든 사람들이었습니다. 일정 기간 도시로 나왔다가 다시 돌아갑니다. 산야는 그런 노동력을 집약적으로 모을 수 있는 장소였습니다.

좋지 않은 표현일지도 모르겠습니다만, 어떤 의미에서 그들은 '국내 이민'이었다고 생각합니다. 일본은 유럽처럼 '이민'으로 바깥에서 노동력을 들이는 것이 아니라 지방이나 농촌 지역의 남는 노동력으로 도시의 부족한 노동력을 벌충했던 것입니다.

그렇게 도시로 찾아온 사람이 어떤 때는 표류하거나 노상에서 생활하는 사람이 되기도 하고 행방불명자가 되기도 합니다. 도쿄라는 거리는 그런 방대한 행방불명자들의 노동력으로 만들어졌다고도 할 수 있겠지요.

하지만 1980년대 중반부터 상황이 바뀌었습니다. 경제성장이 둔화하고 그에 따라 요세바의 역할도 축소되었습니다. 산야에는 일자리를 잃은 사람이 늘어났고, 도야가이에서도 살아갈 수 없는 노상 생활자도 늘어났습니다. 노동자의 고령화가 거기에 박차를 가했습니다. 일할 수도 없는 데다 친척도 없는 사람들. 그런 노숙자라는 존재가 확연히 나타난 것입니다.

요세바 寄せ場. 인력시장. 산야는 오사카의 아이린 지구(가마가사키釜ヶ崎)와 요코하마의 고토부키초壽町와 함께 일본의 3대 요세바로 유명하다. 간이 숙박 시설 식사 등의 서비스가 없고 오로지 잠만 자는 시설. 주소가 정해지지 않은 일용직 노동자들이 이런 시설에 단골로 묵고 있다. 최근에는 노동자가 감소하여 일반용으로 개조된 간이 숙박 시설이 늘었다. 안전하고 싸서 해외에서 온 여행자들에게도 인기 있는 숙박 시설이다.   도야가이 일용직 노동자가 많이 사는 거리.(옮긴이)

산야 **189**

불황이 오래 이어져서 지금도 거리에는 정체된 분위기가 감돌고 있습니다. 중심가 쪽으로는 상점이 늘어선 거리도, 간이 숙박 시설도 아주 말쑥하게 정비되어 있기는 하지만 활기는 없습니다.

이 거리가 해외에서 찾아온 배낭여행자 등 노동자와는 별개의 사람들을 타깃으로 재개발되고 있기는 하지만, 살짝 골목 안으로 들어가기만 하면 공원은 여전히 노숙자의 텐트로 메워져 있습니다. 만취해서 길거리에 쓰러져 있는 사람들도 있었습니다. 또 근처 스미다가와隅田川를 따라서는 산야에서 나와 노숙자가 된 사람들의 파란 텐트가 점재하고 있습니다. 빈곤의 그러데이션이 산야를 중심으로 퍼져 가는 것을 실감할 수 있었습니다.

아니, 도시에는 이런 거리가 필요하다고 말하는 사람도 있겠지요. 이는 '필요악'이라고 말이지요. 하지만 그렇지 않습니다. 처음부터 노숙자가 있는 것이 아니라 만들어지는 것입니다. 어떤 구조가 바뀌지 않으니 형태를 바꿔 존재하고 있는 것입니다.

예컨대 "빈곤은 없는 편이 낫다"고 누구나 말합니다. 그러나 빈곤은 반드시 생깁니다. 그와 마찬가지입니다. 현실적으로 산야에서 살지 않으면 안 되는 사람들이 있다면, 그 사람들이 살아갈 수 있는 구조를 만들지 않으면 안 된다는 것입니다. 노숙자들을 쫓아내고 거리를 깨끗이 한다고 해서 해결되는 문제가 아닙니다.

거듭 말하지만 산야가 예전부터 안고 있던 '빈곤과 고령화'라는 문제는 지금 일본 사회의 문제를 선취하고 있었다고 할 수 있습니다.

지금 사회에서는 고령자의 행방불명이 문제가 되고 있는데, 산야에서는 꽤 오래전부터 일상적인 일이었겠지요. 그러므로 산야는 인생의 패잔병이 사는 거리라는 이미지가 있습니다만, 이곳만이 특수한 장소는 아닙니다. 가족도 없이 고령이 되어 생활이 어려워져 버려지는 것, 이것이 사실 우리 사회의 앞날을 암시하고 있는 것입니다.

원래 일본 헌법에는 "모든 국민은 건강하고 문화적인 최저한도의 생활을 영위할 권리를 가진다"라고 '생존권'(제25조)이 보장되어 있습니다. 그러나 지금은 그렇게 되고 있지 않습니다. 오히려 빈곤층에 부를 분배하는 것은 "무위도식하게 할 뿐이다"라는 풍조가 만연해 있습니다.

왜냐하면 일찍이 국민을 교육시키고 노동에 필요한 훈련을 받게 하면 기업이 성장하고 부를 창출한다는 도식이 있었기 때문입니다. 그러므로 빈곤층을 없애고 국민의 생활수준을 높이는 것이 중요했습니다만, 이제 글로벌 사회에서는 '기업의 성장 = 국민의 번영'이라는 도식이 성립하지 않게 되었습니다.

반대로 국민의 교육이나 재생산을 국가가 맡아 처리하는 것은 효율적이지 않다고 말합니다. 세계의 경쟁에서 이기기 위해서는 그런 것보다 대기업을 우대해 나가는 것이 중요하다는 것이지요. 그 결과 약한 인간이나 효율적이지 못한 인간은 점점 버려지는 사회가 되었습니다.

오히려 지금 노동자들의 실태는 산야보다 낫다고 보기 어려워진 것이 아닐까요. 예전에 산야 같은 곳에서는 취업 알선업자 등의 다양한 네트워크가 있어, 어떤 면에서는 노동자들이 보호되었던 점이 있었습니다. 또 같은 거리에서 생활하였으니 일종의 횡적인 관계도 있었을 것입니다.

그에 비하면 IT화가 진행된 현대에는 고용 형태가 좀 더 무작위적입니다.

예전에는 '다이토 구 아사쿠사 산야'라는 지명이 존재했지만 주민표시제도의 실시로 현재는 '산야'라는 지명이 없어졌다. "산야는 이른바 '슬럼가' 와도 다릅니다. 뉴욕의 할렘, 필리핀의 몽키마운틴 등 세계에는 유명한 슬럼가가 있습니다만, 거기에서는 노동자가 가족과 함께 생활하고 있습니다. 하지만 일본의 요세바는 기본적으로 혼자입니다. 이는 아주 일본적인 현상이라고 생각합니다. 그들은 집도 없고 동시에 가족도 없는 사람들입니다." 산야의 주민이 고독한 이유는 여기에도 있다.

휴대전화 하나로 "오늘은 여기", "내일은 저기"라고 지시받습니다. 노동자는 서로 어디서 왔는지도 몰라 횡적 관계를 구축하는 일이 없습니다. 그런 의미에서 요즘 말하는 프리터족이나 비정규직은 이를테면 '요세바 없는 일용 노동자'입니다. 한곳에 모이는 것이 아니라 점재하고 있습니다. 그러므로 요세바 이상으로 비참한 것이 아닐까요.

작가 아마미야 가린(雨宮処凜, 1975~) 등이 그런 프레카리아트(precariat, 불안정한 고용 형태에 있는 사람들) 문제에 몰두하고 있습니다만, 요세바 같은 거점이 없다는 것은 역시 큰 문제 가운데 하나일 것입니다.

그렇다면 산야가 또 '프레카리아트의 거리'로서 부활할 가능성이 있을까요? 전혀 없다고는 말할 수 없습니다만, 이곳은 이제 요세바로서의 역할이 끝난 게 아닐까 하고 저는 생각합니다. 앞으로는 관광도시로서 새로운 거리로 거듭나겠지요. 숙박비가 싼 데다 지리적으로도 편리해 이국 정서가 넘치는 서민 동네에 가까운 산야는 '야네센'과 마찬가지로 많은 가능성을 갖고 있는 것 같습니다.

하지만 한편으로는 산야의 역사나 문화를 다시 한 번 개발할 필요가 있다고 생각합니다. 그저 결과만을 보고 무위도식한다며 아이들이 노숙자에게 폭력을 휘두르는 사건이 있었습니다만, 그것은 그들의 배경을 모르는 어른들의 생각을 반영하고 있는 것입니다. 산야의 역사를 아는 일은, 우리의 역사를 아는 일이기도 하고 우리의 미래를 아는 일이기도 합니다.

6장

도시는 사람들을 자유롭게 하는가

국회의사당

지요다 구 나가타초
千代田区永田町

그 한 표로
정치는
바뀐다

여러분이 이 글을 읽을 무렵, 일본의 정치는 어떻게 되어 있을까요? 2009년에 자민당에서 민주당으로 정권교체가 이루어진 이후에도 여전히 혼란이 계속되고 있고, 아직도 확실한 길이 보이지 않습니다. 지금 일본의 정치가 커다란 전환기에 있다는 것은 누구나 느끼고 있다고 생각합니다.

그 커다란 물결의 중심지가 나가타초에 있는 국회의사당입니다. 1936년에 완성된 역사적인 이 건물은 위엄 있는 외관처럼 내관의 만듦새도 중후합니다. 높은 천장, 붉은 융단, 고가의 집기들. 어딘가 장엄한 분위기가 감돌고 있습니다.

하지만 그 안에서 이루어지는 정치는 아이러니하게도 경박해 보여 견딜 수가 없습니다. 정치자금 문제나 장관의 실언, 그리고 야당의 중진이었던 사람이 입각하는 믿을 수 없는 인사人事 등 들려오는 것은 국민 부재의 폭주뿐입니다.

무거운 건물 안에 가벼운 정치가 떠돌고 있습니다. 그 부조화는 아주 코믹하게 느껴지면서도 한편으로는 국회라는 국권의 최고 기관이 그 건물에 의해 간신히 위신을 유지하고 있는 것처럼 느껴졌습니다.

대체 '정치'란 무엇일까요? 한마디로 말하면 '어떤 사회에서의 가치의 권위적 배분'입니다. 이렇게 말하면 왠지 추상적이어서 이해하기 힘들지도 모르겠습니다. 우리가 사회생활을 할 때는 가치 있는 것이 다양하게 존재합니다. 돈이나 토지 등 재산적 가치도 있고 명예나 교육 등 문화적 가치도 있습니다. 가치 있는 그것을 누가 어떻게 갖는가, 어떻게 배분하는가, 그 규칙을 정하는 것이 바로 정치입니다.

사람이 두 명 이상 있으면 반드시 이해가 대립하기 때문에 전원이 납득하는

정권교체 2009년 여름 제45회 중의원 총선거에서 민주당은 선거 이전보다 크게 늘어난 308석을 획득했다. 한편 자민당은 181석이나 감소한 119석을 획득하는 데 그쳐 1955년 정당 결성 이래 처음으로 중의원 제1당이라는 자리를 잃었다. 그 결과 제172회 국회에서 민주당에 의한 새로운 정권이 들어섰다. 정권교체는 1993년 비자민당 연립정권으로 발족한 호소카와 모리히로細川護熙 내각 이래 처음 있는 일이다. 자민당 이외의 정당이 단독으로 과반수를 획득하여 제1당으로 정권을 잡은 것은 전후 처음 있는 일이다.

정당성을 가지고 나누는 것은 쉽지 않은 일입니다. 그래서 정치에는 권력이 필요한 것입니다. 즉 정치에 의해 가치의 배분이 바뀌는 것이므로 사실 정치는 한 사람 한 사람의 인생 설계에 큰 의미를 갖게 됩니다.

지금 일본은 부모의 수입으로 아이의 학력이 결정되는 격차사회입니다. 따라서 그저 불우함을 감수하고만 있을 것이 아니라 정치를 바꿔야만 다른 삶의 방식이 가능해질지도 모릅니다. 그런 의미에서 수권 정당을 선거로 바꿀 수 있다는 것은 민주주의의 큰 장점입니다.

그런데 일본에서는 자민당이라는 특정 정당이 1955년 이래 반세기 넘게 권리를 독점해 왔습니다. '정당'은 영어로 말하면 'Party'입니다. 'Part(부분)'라는 말과 관련 있는 것에서 볼 수 있듯이, 부분적인 이해를 대표하는 단체라는 의미입니다. 역으로 말하자면 같은 정당이 계속 정권을 장악해서는 가치 배분에 치우침이 생긴다는 것입니다. 오랫동안 자민당 정권이 계속 집권하면서 그런 왜곡이 발생한 것이고, 그것을 시정하려는 움직임이 일어 2009년 정권교체가 일어난 것입니다.

그렇다면 왜 지금일까요? 그건 가치의 용량이 한계에 달하고 말았기 때문일 겁니다. 즉 앞으로는 가치를 플러스로 배분하는 것이 아니라 마이너스로 배분하게 된다는 말입니다. 소비세든 연금이든 누가 부담할까 하는 마이너스 배분 말입니다.

지금까지는 파이가 점점 커질 거라고 생각했습니다. 자민당의 일당 지배였다고 해도 다른 사람들에게 다소의 국물이 돌아갔습니다. 그러므로 가치 배분에서 소외된 사람들도 '이대로 됐어' 하고 생각했습니다. 그런데 마이너스 배분이 시작되자 모두에게 국물이 돌아가지 않게 되고 게다가 부담도 늘어났습니다. 그 순간 사람들의 마음이 자민당에서 떠나기 시작한 것입니다.

그런데 문제는 선택지가 없다는 것이었습니다. 물론 대항 세력으로 민주당이 있었습니다만, '자민당이 싫으니까', '자민당보다는 나으니까' 하는 이유로 선택한 사람도 많지 않았을까요. 실제로 수권 정당이 되었지만 그 취약함이 드러나고 있습니다.

반세기 이상 다른 선택지를 키워 오지 못한 대가는 크다고 생각합니다. 가업을 이을 예정이었던 장남이 엉망이 되어 갑자기 차남이 이었지만, 지금까지 아무런 훈련도 하지 않아 어려운 것과 마찬가지인 것입니다. '민주당은 완전히 엉망이 아닌가' 하고 낙담하고 있는 사람도 많을 줄 압니다만, 국민에게는 한동안 참을성 있게 지켜보면서 새로운 정권을 키워 나가는 담력이 필요할지도 모릅니다.

그런 점에서 미국은 역시 복원력이 강하다고 생각합니다. 끊임없는 선택지를 갖고 있습니다. 부시 정권이 싫다 하니, 어딘가에서 복병이 혜성처럼 등장합니다. 한편 일본에서는 정치가 일종의 '업계'가 되었습니다. 그리고 세습화되어 '가업'이 되고 말았습니다. 이래서는 막히고 맙니다.

아마추어가 참여할 수 있도록 정치의 문턱을 좀 더 낮추지 않으면 안 됩니다. 저비용으로 선거를 치를 수 있도록 하는 식으로 자꾸 새로운 사람이 참여할 수 있게 하지 않으면 인재 부족을 해결할 수 없겠지요.

고대 그리스의 철학자 아리스토텔레스는 인간을 '정치적 동물Zoon Politikon'이라 불렀습니다. 공동체라는 공적 공간에서 뭔가 역할을 담당하고 말로 일을

이날 찾은 곳은 국회의사당의 중의원이다. 정면 현관을 들어서면 중앙 홀이 나오고 그 세 귀퉁이에는 의회정치의 초석을 다진 이타가키 다이스케(板垣退助, 1837~1919), 오쿠마 시게노부(大隈重信, 1838~1922), 이토 히로부미(伊藤博文, 1841~1909)의 동상이 서 있다. 그런데 한쪽 귀퉁이에는 동상이 없고 받침대만 있었다. 네 번째 사람을 누구로 할 것인지 아직 정해지지 않았기 때문인 듯한데, 의원들에게 '여기에 내 동상이 세워질 수 있도록 훌륭한 일을 하자'라는 자극이 되고 있다는 말도 있다. "만약 제가 지금 정치가였다면 기본소득(basic income) 제도 도입을 생각할 것입니다. 누구나 살아가는 데 필요한 최소한의 돈을 받을 수 있는 제도입니다. 헌법 제25조의 '건강하고 문화적인 생활'을 보장하는 것이 국가의 존재 이유라고 생각하니까요."

결정합니다. 그것이 인간이라는 것입니다. 예컨대 사업에 성공해 재산을 축적했다고 해도 정치적인 동물이라고는 말할 수 없습니다. 그것은 순수하게 사적인 영역에서의 활동이고, 인간의 본질은 '공적인 존재'로서 나타난다고 아리스토텔레스는 생각했던 것입니다.

그렇다면 '공公'이란 무엇일까요. 국회의사당에서 발언하는 것만이 공적인 것은 아닙니다. 회사에서 퇴근할 때 동료와 한잔하면서 "우리의 고용은 어떻게 될까?", "연금은 어떻게 될까?" 하는 이야기를 주고받자마자 공적 공간의 창구가 열리고 우리는 공적 존재가 되는 것입니다. 그리고 자신의 이해와 동시에 타자와 공동체의 이해를 생각하며 논의하는 것, 이것이 본래의 정치라는 것입니다.

그러므로 정치라는 것은 나가타초만의 일이 아니라 인간이라면 누구나 매일 관계하고 있는 것입니다. 영국의 하이드파크에서는 공원의 한구석에서 사람들이 토론을 하는 모습을 흔히 볼 수 있습니다. 프랑스에서는 카페에서 사람들이 매일 의견을 나눕니다. 이처럼 여러분도 꼭 친구와 사회에 대해 의견을 나눌 기회를 만들고, 그리고 선거에서 한 표를 행사하시기 바랍니다.

'누가 하든 어차피 아무것도 바뀌지 않는다.' 이런 무력감과 좌절감이 합쳐져 일종의 정치적 무관심이 세상을 뒤덮고 있습니다. 하지만 당신에게 행복을 가져다주는 것은 점占이나 고가의 보석이 아니라 바로 정치입니다.

만약 당신이 행복을 바란다면 정치를 바꿀 수밖에 없는 것입니다.

인간이
인간을
심판할 수
있는가

최고재판소

지요다 구 하야부사초
千代田区隼町

여러분도 아시다시피 2009년 5월부터 '재판원 제도'가 도입되었습니다. 재판원 제도란 지방재판소에서 이루어지는 형사재판에 일반 국민이 참여하여 피고인이 유죄인지 무죄인지, 또는 유죄라면 어떤 형에 처할지를 재판관과 함께 결정하는 제도입니다.

다루는 사건은 살인, 강도치사, 몸값 목적의 유괴 등 국민의 관심이 높은 중대한 범죄에 한정됩니다. 때로는 사형 판결도 내려야 하기 때문에 책임이 막중합니다.

재판원 제도를 도입한 이유는 여러 가지입니다만, 한마디로 말하면 좀 더 열린 사법을 지향하자는 것이겠지요. 지금까지는 검찰, 변호사, 판사라는 법률 전문가만으로 재판이 이루어져 신중한 심리가 이루어져 왔습니다만, 반면에 재판이 길어지거나 일반 시민에게는 이해하기 힘든 판결이 내려지는 경우가 있었습니다.

그래서 시민의 관점이나 정서를 반영해 재판을 알기 쉽게 하고 심리를 신속하게 하려는 것입니다.

확실히 일본에서는 분립한 삼권(입법, 사법, 행정) 가운데 사법이 가장 멀게 느껴집니다. 미국은 소송 사회이기 때문에 사소한 일이라도 소송을 제기합니다만, 일본은 그렇지 않습니다. 옛날부터 '속을 터놓고 얘기하면 알 수 있다'는 의식이 강해 분쟁을 공적인 장으로 가져가는 것을 바라지 않는 사회였습니다. 그러나 최근에는 글로벌화가 진행되어, 속을 터놓고 얘기한다고 알 수 있는 사회가 아니게 되었습니다.

아울러 권리 보장이나 지적 소유권 등이 세분화되어 민사 책임이 굉장히 복

최고재판소 우리나라의 대법원에 해당하는 법률 기관.(옮긴이)

잡해졌고, 형사사건의 경우에도 인터넷을 이용한 범죄처럼 지금까지는 없었던 사건이 늘고 있습니다. 슬슬 사법의 현장을 바꿔 나가지 않으면 안 될 시기가 되었고, 그중 하나의 중요한 키워드가 '시민의 참여'였던 것입니다.

다만 이 재판원 제도에는 문제도 많습니다. 우선 걱정스러운 것이 재판의 입구가 되는 조사·심문입니다. 재판원은 경찰과 검찰에서 올라오는 조사를 기초로 피고인의 유무죄를 결정하는데, 일본에서는 조사 과정이 공개적이지 않습니다.

예컨대 서구에서는 피의자에 대한 심문을 비디오로 촬영하거나 변호사가 조사에 동석하는 방법을 도입하고 있습니다. 하지만 일본에는 그런 시스템이 없습니다. 한번 구금되면 피고인과 접견하기도 쉽지 않습니다.

이래서는 만일 증거나 진술이 날조되더라도 재판원으로서는 알 수 있는 방법이 없습니다. 2010년 오사카 지검 특수부의 주임검사가 증거를 조작하는 중대한 사건이 발생했는데, 앞으로도 그런 일이 발생하지 말라는 법은 없습니다. 억울한 죄인이 생기지 않게 하려면 조사·심문 과정의 투명성을 확보할 필요가 있습니다.

10명이나 살해한 흉악범이라고 해도 역시 인권은 보호되어야 합니다. '그런 귀축鬼畜 같은 놈에게 인권 같은 건 필요 없다. 당장 참수형에 처하라'는 의견이 대단히 높은 여론의 지지를 받습니다만, 국가의 제도로서는 꼭 지켜야만 하는 것이 있는 것입니다.

그러므로 재판원은 미디어나 극단적인 여론에 영향을 받아서는 안 됩니다. 미디어의 내용을 올바르게 해독하는 능력, 즉 '미디어 리터러시Media Literacy'

중대한 사건 2010년 오사카 지방검찰청 특별수사부의 전前 주임검사 마에다 쓰네히코前田恒彦가 당시 담당하고 있던 장애자 우편제도 악용 사건의 증거물인 플로피디스크를 고친 것이 발각된 일. 이 일로 마에다 전 주임검사 및 상사 두 명이 체포되었다. 이에 따라 장애자 우편제도 악용 사건의 피고였던 후생노동성의 무라키 아쓰코村木厚子 전 국장은 무죄판결을 받았다.

를 익혀 '피고'라 불리는 인물에게 중립적인 마음으로 대하는 자세가 필요합니다. 물론 무척 어려운 일입니다.

마찬가지로 피해자나 유족들의 인권도 보호되어야 합니다. 예전에는 피해자나 유족에 대한 보호에 너무 소홀했습니다. 그러므로 유족이 '범죄 피해자의 모임' 등을 만들어 피해자의 목소리를 직접 법정에 반영하려는 노력은 당연하다고 생각합니다. 그것에 귀를 기울이는 것도 재판원의 중요한 일이겠지요.

다만 잊어서는 안 되는 것은 재판이 개인의 복수의 장이 되어서는 안 된다는 것입니다.

애초에 근대국가는 복수를 그만두게 하는 데서 시작된 것이나 마찬가지입니다. 옛날 중세 유럽에는 페데라는 전통이 있어 권리 분쟁을 해결하는 방법으로서 사적인 전쟁[私戰]이 인정되었습니다. '피에는 피'라는 논리로 집단에 의한 복수 투쟁이 펼쳐졌던 것입니다. 봉건제도에서는 상대에게 복수를 하여 '원수를 갚지' 않으면 가문이 스러진다는 것이 일반적인 생각이었습니다.

일본에서도 메이지시대에 구舊 형법으로 금지될 때까지 복수가 공공연하게 이루어졌습니다. 하지만 사회질서를 유지하기 위해 국가가 당사자를 대신하여 범인을 처벌하게 되었습니다. '국가에 의한 형벌권의 확립'이 근대국가의 기초가 되었던 것입니다.

성서에는 "너희가 스스로 복수할 생각을 하지 말고", "원수 갚는 것은 내가 할 일이니"(로마서 제13장 19절)라는 구절이 있습니다. 이는 개인이 복수를 해서는 안 된다, 그 벌은 신이 내린다는 의미입니다. 근대국가에서는 그 역할이 '신'이 아닌 '국가'에 맡겨진 것입니다.

페데 Fehde. 유럽 중세 사회에서 자유인 사이, 특히 봉건귀족이나 도시와 도시 사이에 벌였던 합법적인 사전私戰을 말한다. 중세에는 모든 자유인에게 침해받은 권리를 실력으로 회복할 권리를 인정하고 있었는데, 그 결과 벌어진 실력행사가 페데다. 하지만 사흘 전에 상대방에게 통고하지 않을 경우 합법적 페데로 인정되지 않았다.(옮긴이) 복수 일본에서는 옛날부터 복수가 관행이었고 에도시대에는 법제화되어 부모나 형 등 일부 친족이 피해를 입을 경우 복수가 인정되었다. 하지만 1873년(메이지 6년)에 이르러 법률로 금지되었다.

2009년 5월에 시작된 재판원 제도. 미국의 배심원 제도와 다른 것은 유무죄의 판단뿐만 아니라 양형도 결정한다는 점이다. 재판원 6인과 재판관 3인이 심리를 진행한다. 재판원 제도가 채택된 것은 지방재판소뿐으로, 상고된 재판에 대해서는 지금까지처럼 재판관만으로 심리가 이루어진다. "지금까지는 걱정했던 혼란이 없는 것 같네요. 재판원 제도에 참여함으로써 사회 참여 의식이 높아지는 사람도 있는 것 같습니다"라며 이 제도의 가능성에 기대를 거는 강상중 교수.

애초에 '왜 형벌을 부과하는가'에 대해서도 생각해 볼 필요가 있는 것 같습니다. 즉 형벌을 응보형으로 생각할 것인가, 목적형으로 생각할 것인가 하는 것입니다.

'눈에는 눈'이라 하는 것처럼, 형벌이란 저지른 죄에 대한 응보라고 생각하는 것이 응보형론입니다. 한편 목적형론이란 형벌을 어떤 목적을 위한 수단이라 생각하는 것입니다. 예컨대 형벌이 범죄를 억제한다는 예방론적인 사고나 범죄자를 사회에 순응할 수 있도록 교도하기 위한 것이라는 교육형론 등이 있습니다.

물론 소중한 사람의 생명을 빼앗긴 유족에게 범인은 증오의 대상입니다. 그러니 응보형을 요구하는 마음은 이해할 수 있습니다. 사형에 처함으로써 가슴이 후련해진다는 사람도 있겠지요. 저는 솔직히 절대적인 사형 폐지론자가 아닙니다. 사형은 폐지하고 종신형으로 하는 게 좋다고 생각합니다만, 만약 제 가족이 비극의 피해자가 된다면 어떻게 될지 모르겠습니다.

다만 범인을 사형에 처한다고 해서 유족의 마음이 풀리는 일은 없지 않을까요. 복수에서 삶의 보람을 찾는 사람도 있겠지만, 그것이 달성된다고 해도 오히려 허탈감에 빠지게 되지 않을까요. "니희가 스스로 복수할 생각을 하지 말고"라는 성서의 말에는 그런 의미도 들어 있는 것 같습니다.

애당초 일본에서는 사형이라는 것이 완전히 블랙박스가 되어 있어 사형의 시비를 묻는 판단 재료가 너무 없습니다. 하지만 앞으로는 일반 시민이 사형 판결에 관여하게 되었으므로 사형의 실태에 대해 좀 더 많은 정보를 공개해야 하겠지요.

이번 재판원 제도는 좀 뜻밖이고 시기상조라는 느낌이 들긴 합니다만, 지금 일본이 안고 있는 다양한 사법 문제에 대해 생각해 보는 계기가 되기는 할 것입니다. 재판도 사형도 이제 남의 일이 아니게 되었으니까요.

쓰키지 시장
築地市場

주오구 쓰키지
中央区築地

에너지가
소용돌이치는
먹거리의
현장

거대도시 도쿄의 '먹거리'를 지탱하고 있는 것이 주오 구에 있는 도쿄 쓰키지 도매시장입니다. 쓰키지의 넓이는 도쿄돔의 약 다섯 배입니다. 국내뿐만 아니라 전 세계에서 수산물이나 채소가 반입되는데, 하루 거래액이 20억 엔이 넘는 세계 최대 규모의 시장입니다.

저는 오늘 처음으로 수산물 매장에 들어가 봤습니다만, 1400여 개의 중간 도매점이 북적거리는 '장내'는 활기가 넘쳐 압도당하는 기분이었습니다. 한편 오전 9시 반이라는 시간대 탓인지 어딘가 일단락된 듯한 안도감도 떠돌고 있었습니다. 경매는 이른 새벽인 5시쯤부터 시작된다고 하는데, 그 시간에는 좀 더 살기를 띠겠지요.

시장의 경매 시스템은 독특해서 전문가밖에 알 수 없는 세계입니다. 그리고 살아 있는 것을 취급하기 때문에 매일 계산 불가능한 요인이 다양하게 끼어듭니다. 믿을 것은 감이나 경험입니다. 그래서 경매에는 일종의 도박 같은 긴박감이 있는 것 같습니다.

시장에서는 매일 아침 경매의 긴장감이 정점에 달하고, 두세 시간 지나면 이완됩니다. 그런 일이 매일 반복되고 있는 것입니다. 쓰키지 시장에서 일하는 사람들은 들끓는 듯한 그 분위기를 무척이나 좋아하는 게 아닐까요. 저는 약동하는 그 거친 분위기 속에서 일하는 사람들의 호방함을 느꼈습니다.

참치 가게 주인은 "그저 장사를 할 뿐만 아니라 시장의 문화도 담당하고 있다는 생각으로 일을 하고 있습니다"라고 말했는데, 그 말에서는 시장에서 일하는 사람들의 긍지나 패기가 전해졌습니다.

예전에 찾아간 도쿄증권거래소와는 정반대였습니다. 모든 것이 온라인화된 도쿄증권거래소와 달리 이곳에는 실체가 있고 또 사람도 있습니다. 바로 에너지가 응축되어 있는 장소입니다. 이것이 도쿄, 게다가 명품점이 늘어서 있는 긴자 바로 옆에 있다는 데서 이 도시의 독특함을 느꼈습니다.

돌아보면 먹는 것과 관련된 저 자신의 추억도 주로 떠들썩한 것이었습니다. 어린 시절 어머니는 소박하지만 늘 영양이 풍부한 것을 준비해 주었습니다.

한국 요리가 중심이었는데, 자주 먹은 것은 추어탕이었습니다. 미꾸라지를 잘게 갈고 냄새를 없애기 위해 여러 가지 나물과 함께 끓였습니다. 추어탕을 먹으면 땀이 나고 몸이 따뜻해집니다.

또 우리 집은 장사를 했기 때문에 사람의 출입이 잦았습니다. 그래서 여럿이 식탁에 앉아 함께 먹는 경우가 흔했습니다. 그런 탓인지 소리가 굉장했습니다. 떠들고 웃고, 어떤 때는 고함을 지르기도 했습니다. 그러고 나서 우적우적, 후루룩 게걸스럽게 먹는 것입니다. 아버지는 저와 마찬가지로 턱이 발달한 사람이었는데, 먹을 때는 아주 기분 좋은 소리를 냈습니다.

그래서 제게 식탁은 기도를 드리며 공손하게 신의 은총을 받는 듯한 평온한 장소가 아니었습니다. 먹거리는 영양이나 건강보다는 좀 더 탐욕적이고 살아가는 것과 직결되어 있었습니다.

시장이든 식당이든 주방이든 원래 먹을 것과 관련된 장소는 에너지가 넘치는 곳이라고 생각합니다. 하지만 도시의 먹거리는 지금 그런 활기를 잃어버리고 있습니다. 고급 레스토랑이 북적이는 한편 패스트푸드화하는 경향이 뚜렷합니다.

도처에 편의점이 있고 인스턴트로 식사를 때우는 경향이 있습니다. 물론 패스트푸드점이나 편의점은 저도 자주 이용하고 있고, 이제 도시의 라이프스타일에서 빼놓을 수 없는 것이 되었습니다. 다만 '집에서 먹는 밥'이 충실한 상태에서 '외식' 문화가 발전하면 좋을 텐데, 집에서 먹는 밥은 빈곤해지고 그 결과 외식에 의존하고 있다는 점이 마음에 걸립니다.

예를 들어 최근에는 '혼자 먹는 밥'이 문제가 되고 있습니다. 집에서 혼자 밥을 먹는 사람이 늘고 있다고 합니다. 도시에는 혼자 사는 사람이 많고, 부모가 맞벌이인 경우에는 아이도 혼자 먹어야 합니다.

또 도쿄는 일터와 집이 너무 멀리 떨어져 있습니다. 한두 시간 통근하는 것은 아주 흔한 일입니다. 서둘러 집에 돌아와도 가족과 함께 밥을 먹기는 어렵습니다. 적어도 토요일이나 일요일 정도는 온 가족이 모여 집에서 만든 음식을 먹는 것이 좋다고 생각하지만, 도시에서는 서비스업에 종사하는 사람도 많아 토요일과 일요일에 꼭 쉰다고도 말할 수 없습니다. 그 결과 가족의 커뮤니케이션은 뜸해지고, 밥상 앞에서 받는 가정교육도 점차 사라지고 있습니다.

그리고 최근에는 먹거리에 대한 신뢰가 크게 흔들리는 사건이 연이어 일어났습니다. 독이 든 중국산 만두, 산지를 속인 쇠고기나 뱀장어 등이 그것입니다.

이러한 불상사는 업자에게만 책임이 있다기보다는 현재의 일본 먹거리에 관한 문제점이 부각된 것이라고 보아도 좋을 것입니다. 같은 것을 대량으로 만들어 싸게 제공하는 먹거리의 획일화가 진행되고 있다는 것이 문제입니다. 그 때문에 멀리 외국에서 식료품을 반입해 오게 되고, 또 그런 탓에 유통 과정이나 생산 공정이 복잡해져 버렸습니다. 그 지역에서 생산한 농산물을 그 지역에서 소비한다면 이러한 문제는 일어나지 않았겠지요.

아부리즈시 あぶり寿司. 표면만 살짝 불에 구운 스시.(옮긴이)

쓰키지 시장의 수산물 매장. 예전에는 전문가밖에 들어갈 수 없었던 '장내'(209쪽)도 최근에는 일반 손님이나 외국인 관광객으로 북적인다. 건물이 노후화하면서 고토 구江東区의 도요스 신시장豊洲新市場으로 이전이 검토되었지만, 이전 예정지의 토양 오염 등이 문제가 되어 계획이 중단되었다. 참치 중간 도매업자인 '히초鯡長'의 부사장 이다飯田 씨(아래 사진)에게 이야기를 들었다. "좋은 참치를 확인하기 위해 경매 전에 한 시간쯤 참치를 보고 다니기 때문에 매일 아침 4시가 지나면서부터 일을 시작합니다." 이날은 일을 끝내고 '장외'의 스시집 '쓰키지 아오조라 3대째築地青空三代目'(아래 사진)에서 점심을 먹었다. "쓰키지가 아니고서는 찾아볼 수 없는 재료의 신선함도 그렇지만 아부리즈시도 훌륭했습니다."

그리고 그 배경에 있는 것이 불과 40퍼센트라는 일본의 낮은 식량자급률입니다. 이는 선진국 중에서도 가장 낮은 수준입니다. 미국이나 프랑스의 식량자급률은 120퍼센트 이상이고 독일이나 스페인도 80퍼센트 이상입니다. 선진국인 서구는 의외로 농업국가라는 일면도 갖고 있습니다.

일본도 자급률을 적어도 60퍼센트 이상으로 끌어올리는 것이 좋겠지만 국내외의 사정을 보면 앞으로 자급률은 점점 더 떨어질 가능성이 높습니다. 일본의 식문화는 지금 큰 위기를 맞고 있는 것입니다.

어렸을 때부터 만족할 만한 식생활을 해온 우리는 먹을 것의 고마움을 진심으로 느낄 수 없게 되었습니다. 오히려 먹을 것은 다이어트의 적이라고까지 생각하는 사람이 있습니다. 하지만 싸면 좋은 것인지, 뱃속에 들어가면 뭐든 상관없는지, 다시 한 번 잘 생각해 볼 필요가 있는 것 같습니다.

독일의 철학자 포이어바흐는 "우리가 먹는 것이 바로 우리다"라는 말을 남겼습니다. 유물론자인 그는 인간이란 먹는 것의 집적이고 육체만이 아니라 정신도 먹는 것에 의해 만들어진다고 생각했습니다.

사실 제 어머니도 자주 그와 똑같은 말을 했습니다. 어머니가 포이어바흐를 알고 있었다고는 생각되지 않습니다만, 먹는 것이 살아가는 것의 기본이라는 의견에는 저도 찬성합니다.

먹는 것을 통해 사람은 다양한 이야기를 하고 싸움도 하고 연애도 합니다. 풍요로운 먹거리는 인생도 풍요롭게 해주는 것입니다.

식량자급률 한 나라의 먹거리가 얼마나 국산으로 공급되고 있는지를 나타낸 것. 칼로리를 기초로 한 수치와 생산액을 기초로 한 수치가 있는데 일본은 주로 칼로리를 기초로 계산하고 있기 때문에 다른 나라와의 수치 비교가 의미 없다는 의견도 있다. 포이어바흐 Ludwig Andreas Feuerbach, 1804~1872. 19세기에 활약한 독일 철학자. 유물론의 관점에서 그리스도교 등의 종교를 비판했다. 젊은 날의 마르크스에게 큰 영향을 주었다.

스미다가와
隅田川

고토구~주오구
江東区~中央区

흐르는

강물처럼

살아간다

제가 아주 좋아하는 영화 가운데 〈흐르는 강물처럼A River Runs Through It〉(1992)이라는 작품이 있습니다. 로버트 레드퍼드가 감독한 영화로 미국 몬태나 주의 웅대한 자연을 배경으로 어느 형제의 이야기를 담고 있습니다.

성실하고 수재인 형과 그와는 대조적으로 파격적인 인생을 보내는 동생. 둘은 어렸을 때부터 아버지에게 플라잉 낚시를 배우며 자랐지만, 얼마 후 아버지도 세상을 떠나고 동생도 죽습니다. 늙은 형은 혼자 강변에서 낚싯줄을 드리우고 인생을 돌아봅니다. 시간이 흐르고 사람들의 인생이 아무리 변해도 강은 변하지 않는 모습으로 계속 흐르고 있습니다. 그런 조용한 감동이 마음에 와 닿는 영화입니다.

저도 소년 시절에는 자주 강에서 놀았습니다. 고향인 구마모토 시에는 구마모토 성 안에 있는 해자인 쓰보이가와坪井川와 성 밖의 해자인 시라카와白川가 있습니다. 매년 여름이면 쓰보이가와에서 자맥질을 하고 겨울에는 시라카와의 강변에서 불놀이를 했습니다. 그런 옛날의 추억과 겹친 탓인지 이 영화는 마음에 깊이 울렸습니다.

이곳 도쿄에도 아주 많은 강이 흐르고 있습니다. 아라카와荒川, 에도가와江戶川, 다마가와多摩川, 스미다가와, 샤쿠지이가와石神井川, 간다가와神田川, 센카와仙川 등 이루 헤아릴 수 없이 많습니다. 그리고 도쿄의 유적을 보면, 조몬繩文·야요이弥生시대 사람들은 이러한 강줄기나 골짜기를 따라 생활했다는 것을 알 수 있습니다.

여러분도 역사 시간에 배웠을 거라고 생각합니다만, 옛날부터 문명은 대부분 강가를 중심으로 발달했습니다. 세계에서 가장 오래된 메소포타미아 문명이 탄생한 곳도 티그리스·유프라테스 강 유역이었습니다. 그곳에 생명의 원천인 '물'이 있었기 때문입니다.

사람은 물 없이는 살아갈 수 없습니다. 음료수, 농업용수, 하수 등 생활에는 물이 없으면 안 됩니다. 또 강에 모이는 물고기나 동물이 사람들의 배를 채워주기도 했겠지요. 때로는 강이 방어를 하는 데 큰 역할을 하기도 했을 겁니다. 강이 가져다주는 혜택은 무척 컸던 것입니다.

에도·도쿄도 틀림없이 강과 함께 발전해 온 도시입니다. 원래 '에도江戸'란 '강(천이나 후미)과 접한 곳'이라는 의미로, 아사쿠사를 발단으로 하여 발전해 왔다고 합니다.

에도시대가 되고 나서는 에도 성의 서쪽, 즉 '야마노테山の手'에는 무가 저택이 늘어섰고, 에도 성의 동쪽, 즉 '상공업 지역下町'인 스미다가와, 니혼바시의 강가에는 서민 동네가 펼쳐져 있었습니다.

스미다가와 하류에 있는 쓰쿠다지마佃島는 지금도 당시의 에도를 구체적으로 떠올리게 해주는 장소입니다. 시골티가 나는 거리나 옛날을 생각나게 하는 지붕 있는 놀잇배 등이 있어 신주쿠나 시부야 같은 신도시와 달리 한가롭고 향수를 자극하는 분위기입니다.

하지만 안타깝게도 전후 경제성장과 함께 많은 강이 도쿄에서 모습을 감추었습니다. 전쟁으로 불탄 건물이나 자갈 등을 처리하기 위해 매립된 강도 있고, 홍수가 거듭되자 콘크리트로 덮개를 씌워 하수도로 만들어 버린 강도 있습니다. 「봄의 시내」의 모델이라는 시부야가와(澁谷川, 고호네가와[河骨川])도 그 중 하나입니다.

쓰쿠다지마 에도시대에 세쓰(攝津, 지금의 오사카) 쓰쿠다무라(佃村)의 어민이 이곳으로 이주한 데서 쓰쿠다지마라 불리게 되었다. 「봄의 시내」 문부성 창가로 1912년 '심상소학창가(4학년용)'에 발표되었다.

자동차의 보급이 이에 박차를 가했습니다. 1964년 도쿄올림픽 전에는 고속도로 건설을 위해 교바시가와京橋川를 비롯해 많은 강이 매립되었습니다. 니혼바시가와日本橋川에는 위로 고속도로가 건설되고 강은 감춰진 속도랑[暗渠]이 되었습니다.

예전에 도쿄의 강은 물류의 핵심이기도 했지만 그와 동시에 사람들이 장사를 하거나 아이들이 놀기도 하고 연인들이 오붓하게 이야기를 나누는 장소이기도 했을 것입니다. 도로 같은 단순한 교통로와는 달리 강은 시장이고 광장이기도 했습니다. 그런 강이 소실되고 말았다는 것은 도시로서는 엄청난 상실입니다.

이번에 스미다가와를 운행하는 수상버스를 타보니 강 특유의 냄새나 습기 찬 바람 등 피부 감각으로 많은 것을 느낄 수 있었습니다. 또 단지 수면을 바라보는 것만으로도 느긋한 시간의 흐름을 자신 안으로 되돌릴 수 있었습니다. 오감에 호소해 오는 강변에서의 커뮤니케이션은 우리에게 많은 은혜를 가져다줍니다.

최근에는 이러한 강의 매력이 재평가되어 '워터프런트Water Front'라는 접근 방법으로 공원 등의 친수 시설이 만들어졌습니다. 니혼바시가와 위에 만들어진 수도고속도로도 지하로 이전하여 경관을 부활시키자는 움직임이 있습니다. 도시와 강의 관계가 좀 더 친밀해지면 사람들에게 다양한 정취를 가져다 주게 되겠지요.

그런데 강의 흐름은 흔히 인생에 비유됩니다. 저 자신은 뭔가를 비축하여 지켜 가는 것보다 '케 세라 세라(Que sera sera, 어떻게든 되겠지)', 즉 강물처럼

수도고속도로 도쿄와 그 주변 지역에 있는 총 322.5킬로미터의 도시고속도로. (옮긴이)

최근 쓰쿠다지마에 건설된 고층 맨션들이 스미다가와의 경관을 크게 바꿨다. "고층 빌딩들은 쓰쿠다지마의 거리와 대조적이어서 흥미롭네요. 맨해튼도 그렇습니다만, 워터프런트에는 고층 맨션이 의외로 어울린다고 느꼈습니다" 하고 수상버스에서 경치를 즐기는 강상중 교수. "서울의 거리를 획기적으로 변화시킨 건 청계천의 복원이었습니다. 인공적으로 복원함으로써 거리의 분위기가 확 변했습니다. 도쿄의 강도 한번 전부 드러나게 해보면 재미있겠네요."

흘러가는 인생을 보내고 싶습니다.

저의 부모님은 한반도에서 흘러들어왔으니 저도 기본적으로 노마드(유목민)적인 인간이겠지요. 상류에서 들어간 것이 곧 하류에서 나오는 것인데, 결과적으로 항상 그 흐름 속에서 어느 정도의 풍요로움만 있다면 그것으로 족하다고 생각합니다.

흘러가는 인생은 불안정하고 어쩐지 불안하다는 사람도 있을 거라고 생각합니다. 하지만 사람이 마음에 문제를 안고 있을 때라는 건 역으로 기가 흐르지 않을 때가 아닐까요. 흐르지 않으면 흐릿한 농도가 농밀해져 침전되고 맙니다.

인생에는 괴로운 일, 슬픈 일이 다양하게 있습니다. 그런데 인간이 그것에 견딜 수 있는 것은 망각할 수 있기 때문입니다. 그리고 망각이란 '흘려 버리는' 일입니다. "만물은 유전한다"는 말이 있는 것처럼, 좋든 싫든 모든 것은 시간의 흐름과 함께 유동하는 것입니다.

그것은 무척 안타까운 일입니다. 안타깝지만 흐르기 때문에 새로운 것이 자신 안에 들어오는 것이고, 그것으로 상쾌함을 유지할 수 있다고 생각합니다.

물론 흘러가는 것만으로는 안 됩니다. "죽은 물고기는 흐름에 흘러가지만 살아 있는 물고기는 흐름을 거슬러 헤엄친다"는 말이 있는 것처럼, 때로는 흐름에 맞서 싸우는 것이 중요합니다. 그러므로 가능하다면 강물처럼 끊임없이 흘러가지만 변하지는 않고, 사실 그 지점에 야무지게 머물러 있는, 그런 인생이 이상적입니다.

자신의 일정한 지점을 흐름 속에 두는 것은 무척 어려운 일입니다. 하지만 어떤 것에도 순응하지만 결코 빼앗길 수 없는 것을 자신 안에 계속 가지고 있는, 그런 인생을 보낼 수 있으면 좋겠습니다.

가부키초에서
황거까지

신주쿠 구~지요다 구
新宿区~千代田区

도쿄는
사람들을
자유롭게
하는가

2년 반에 걸쳐 도쿄의 여러 곳을 방문했습니다. 새롭게 발견한 것도 많았습니다만, 가장 인상적이었던 것은 나날이 모습을 바꾸어 가는 도쿄의 풍경이었습니다. 가는 곳마다 고층 빌딩이 생기고, 옛날의 거리도 간단히 맨션이나 주차장으로 모습을 바꾸어 버립니다. 도쿄는 끊임없이 '스크랩 앤드 빌드'가 거듭되고 있는 거리인 것입니다.

건축물이라는 것은 하나의 '기억장치'라고 생각합니다. 그런데 도쿄에서는 도청이든 도쿄 역이든 얼마든지 스크랩 앤드 빌드가 가능해져 이미 기념물로서의 기능은 상실되고 있습니다.

그러므로 간단히 다시 세울 수 없는 메이지신궁이나 황거 등은 일종의 성역이고 기억의 저장고로서 큰 힘을 갖겠지요.

예를 들어 황거가 있어 도쿄의 중심성이 유지되고 있는데, 황거가 권력의 중심인가 하면 그렇지도 않습니다. 그렇다면 왜 권력의 중심이 될 수 없는 걸까요. 그것은 역시 기억장치로서 황거가 가진 압도적인 존재감 때문이라고 생각합니다.

그리고 그 중심을 둘러싸듯이 강대한 에너지가 전류처럼 흐르고 있는 곳이 도쿄라는 도시입니다. 그 지력에 끌리듯이 지방에서 사람들이 찾아옵니다. 말하자면 도쿄는 거대한 자장이라는 것이지요. 다만 최근에는 그 자력이 좀 쇠하고 있는 것 같습니다.

이유는 여러 가지가 있겠습니다만, 하나는 교통망의 발달입니다. 옛날에는 도쿄의 접근성이 나빴던 만큼 도쿄에 대해 갖는 환상도 컸습니다. 그런데 지금은 규슈에서도 비행기만 타면 채 두 시간이 안 걸립니다. 도쿄는 가까워졌

스크랩 앤드 빌드 scrap and build. 비능률적인 낡은 설비를 정리하고 고능률의 새로운 설비로 대체하는 일.(옮긴이)

지만 역으로 특별한 존재가 아니게 되었습니다.

'도쿄'의 편재화라는 점도 있을 겁니다. 구마모토를 예로 들자면 1980년대에 역 앞에 파르코PARCO가 생겨 브랜드 상품을 긴자에서와 똑같이 구입할 수 있게 되었습니다. 마찬가지로 47도도부현시都道府県市에 미분화된 도쿄가 널리 퍼져 이미 포화 상태입니다. 이렇게 되자 당연히 도쿄에 대한 동경이 희미해집니다.

그리고 정보의 발달이라는 요인도 있습니다. 옛날에는 도쿄를 망라한 정보 네트워크가 없었기 때문에 신주쿠에도 이케부쿠로에도 이방인이 쉽게 발을 들여놓을 수 없는 장소가 있었습니다. 그래서 잘 모르기 때문에 알 수 없는 두근거림이 있었습니다.

그러던 것이 1970년대 중반에 『피아ぴあ』가 생긴 것을 시작으로 다양한 정보지가 나와 도쿄의 구석구석에 대한 정보가 전해지게 되었습니다. 지금은 인터넷을 보면 뭐든지 나옵니다. 그것만 봐도 마치 가본 것 같은 기분이 듭니다. 도쿄는 더 이상 미지의 세계가 아니게 되었고, 동시에 그 아우라도 희미해지고 말았습니다.

도쿄 자체의 변화도 있습니다. 그것은 이 거리가 무균 상태가 되고 있다는 것입니다. 가부키초를 예로 들 수 있습니다. 이곳은 일본 굴지의 번화가입니다만, 다양한 조례나 방범 활동으로 예전보다 깨끗해졌습니다. 어두운 부분이 줄어든 것은 분명히 좋은 일입니다만, 한편으로 그것이 신주쿠의 매력을 반감시키고 있다고도 할 수 있습니다.

원래 메트로폴리탄에는 어김없이 인간의 욕망 자체를 안고 있는 장소가 있

『피아』 1972년에 창간된 잡지. 창업한 사람은 당시 주오대학 학생이었던 야나이 히로시矢内廣로 학생 기업의 선구자가 되었다. 당초에는 영화 정보, 콘서트 정보를 모아 놓은 정보지였다.

습니다. 다종다양한 사람들이 살아가는 도시에는 반드시 지저분한 부분이 존재하고, 그것이 거리의 개성이 되기도 하는 것입니다. 그러나 도시의 쾌적함을 확대하려는 가운데 거리의 그림자를 일소하려는 움직임이 커져, 점차 가시화와 투명화가 진행되고 있습니다.

뉴욕 같은 곳도 그렇습니다만, 도쿄는 특히 그러한 경향이 뚜렷합니다. 세계에서 유례를 찾아볼 수 없을 만큼 안전하고 청결한 도시가 되었지만, 그만큼 미지수도 적어졌습니다. 하지만 도시라는 것은 미지의 것이 있어야 뜻밖의 사람과 만나거나 생각지도 못한 일이 우발적으로 생기거나 하는 것입니다.

예를 들어 파리 같은 곳은 지하철에 갑자기 악기를 든 사람이 들어와 연주하는 일이 있습니다. 서울에서도 지하철에 물건을 파는 사람이 타서 장사를 시작하기도 합니다. 하지만 도쿄에서는 그런 광경을 거의 볼 수 없습니다. 어떤 의미에서 '굴곡'이 없습니다. 안전하고 정연하지만 관용성이 결여되어 있습니다. 그러므로 어쩐지 답답함을 느끼는 것입니다.

그렇다면 도쿄를 자유로운 도시로 바꿔 나가기 위해서는 무엇이 필요할까요. 그건 도시 안에 살고 있는 사람들이 자발적으로 그 공간의 의미를 발견할 수 있는 장소를 좀 더 늘려 가는 것이 아닐까요.

지금 도쿄에서는 새로운 장소가 생겨도 '이곳은 쇼핑하는 장소', '이곳은 스포츠를 하는 장소'라고 명확하게 하나의 목적이 규정되어 있습니다. 하지만 만든 사람이 그렇게 마련한 공간은 유행하고 쇠퇴하는 것도 심하여, 금세 시대에 뒤떨어져 버려집니다. 앞으로 도쿄에 필요한 것은 그런 공간이 아니라 의미가 부여되지 않은 장소인 것 같습니다.

가부키초~도청~도쿄역~황거, 이렇게 도쿄를 대표하는 장소를 돌아본 날, 가부키초의 호스트클럽 간판을 보고 강상중 교수는 깜짝 놀랐다. "도쿄의 흥미로움 가운데 하나로 '성'과 '속'의 대조가 확실하다는 점이 있습니다. 예를 들어 황거와 가부키초, 이 두 곳이 어떤 의미에서는 공존하고 또 어떤 의미에서는 전혀 교류하지 않고 존재하고 있는 곳이 도쿄입니다." 그런데 도쿄를 좋아합니까? "좋아하기도 하고 싫어하기도 합니다. 상경한 지 40년이 넘었지만 이 거리에서는 언제까지고 스트레인저, 그런 기분입니다."

유럽의 도시에는 그런 것이 있습니다. 벼룩시장이 있기도 하고 길거리에서 공연하는 예능인이 있기도 합니다. 찾아오는 사람에 의해 즉흥적으로 의미가 바뀌는 공간이 확보되어 있는 것이지요. 그런 장소에서는 진심으로 편안히 지낼 수 있고 돈을 쓰지 않아도 만족하게 됩니다. 강변을 멍하니 걷기만 해도 즐겁습니다. 무엇보다 자유로운 도시는 사람을 자유롭게 합니다. 도쿄도 그런 장치를 만듦으로써 경치가 바뀌어 가는 게 아닐까요.

물론 도쿄에서 사는 사람들의 의식도 중요합니다. 도쿄에는 마련된 장소나 기획된 이벤트만 있는 것은 기본적으로 도쿄의 주민이 '소비자'로서 취급되고 있기 때문입니다. 우리도 그 역할에 완전히 익숙해져 있는데, 거기에서 한 발짝 내딛을 필요가 있지 않을까요.

예컨대 살롱풍으로 카페 등에서 다 함께 이야기를 나눠 보는 겁니다. 이런 것도 좋지 않을까요. 파리에는 '철학 카페' 같은 것이 있어서 보통 사람들이 카페에서 철학이나 정치를 이야기합니다. 여러분도 티켓을 사서 이벤트를 보러만 갈 것이 아니라 "모월 모일 모 스타벅스에서 이런 이야기를 합니다" 하고 직접 한번 기획해 보는 겁니다.

일단 개인이 '소비자'라는 자리에서 빠져나가 진정한 의미의 '시민'이 되는 겁니다. 그것이 도쿄를 자유로운 도시로 변화시키는 첫걸음이 되지 않을까요.

대담 ___ 고이즈미 교코 + 강상중

2010년 『하라주쿠 백경原宿百景』을 출간한 고이즈미 교코. 하라주쿠를 걷고, 친구와 이야기를 나눈 그 청춘의 기억을 담은 에세이집이다. 하나의 거리를 깊숙이 파고 들어가 도쿄라는 도시에 접근한 고이즈미 교코와 도쿄에서 역사와 세계를 길어낸 강상중. 감성이 풍부한 두 사람의 대화에서 새로운 가능성이 보였다.

도쿄, 교차하는 기억과 미래

'해내고 말겠다!'는
촌놈에게 도쿄는
최고의 '무대'였다

강상중 : 바쁘실 텐데 이렇게 나와 주셔서 감사합니다.

고이즈미 : 저야말로 기대하고 있었습니다. 사실 이 대담을 하게 되기 전부터 강상중 씨의 책은 읽고 있었습니다. 처음으로 읽은 게 『자이니치在日』라는 책인데……

강상중 : 이야, 정말 부끄럽습니다.(웃음)

고이즈미 : 그래서 흥미를 가지고 『어머니』도 읽었고요. 그런데 작년에 NHK에서 마쓰토야 마사타카松任谷正隆 씨와 강상중 씨의 대담 프로그램이 있었고, 제가 내레이션을 맡게 되었잖아요.

강상중 : 아아, 그랬지요. 여러 가지로 수고 많으셨습니다. 아마 무슨 인연이라도 있었나 보네요.

고이즈미 : 그리고 이번에 『도쿄 산책자Tokyo Stranger』를 읽었는데 굉장히 재미있었습니다. 뭐가 하나를 봤을 때 확 하고 세계를 넓혀 준다고 할까요, 한 가지 것에서 시대라든가 역사라든가 세계 같은 것이 보여서 무척 즐겁게 읽었습니다.

강상중 : 그거 참 다행이네요. '스트레인저'라는 건 '이방인'이라는 의미잖아요. 실제로 저는 구마모토 현 출신 '이방인'이기도 하지만, 한편으로는 '이방인으로 살아가

자'는 선언이기도 합니다. 도쿄로 올라와 대학에 들어간 무렵에는 어쩐지 도쿄를 배회하고 있는 듯한 느낌이었습니다. 나쓰메 소세키의 『산시로』에 '스트레이 시프(stray sheep, 길 잃은 양)'라는 말이 나오는데, 바로 그런 느낌이었습니다. 야마노테센을 타고 세 번쯤 빙빙 돌기도 했고요. 사람들이 이렇게 많은데 '만날 사람이 아무도 없다'는 적막한 기분이었습니다. 하지만 결국 그런 촌놈일수록 도쿄에 관심을 가지고, 도쿄를 걸어 보자는 마음이 드는 것 같습니다. 그리고 저는 이제야 가까스로 도쿄를 조금은 객관적으로 보며 걸을 수 있게 된 것 같습니다. 드디어 도쿄와 화해했다고 할까요.

고이즈미 : 이곳저곳을 다니셨는데, 가장 인상적인 곳이 어디였나요?

강상중 : 가장 재미있었던 곳은 도쿄증권거래소였습니다. 리먼 사태가 일어나기 전에 방문했는데, '서브프라임 모기지론이 위험하다'는 이야기도 하고 좀 예언적인 데가 있었습니다. 실은 도쿄증권거래소의 회장이 제 고등학교 선배입니다. 생각해 보면 재벌도, 예컨대 스미토모, 미쓰이, 미쓰비시 등 대부분이 간사이關西권이잖아요. 그래서 결국 도쿄는 촌놈들의 집합체라고 할 수 있지요.

고이즈미 : '해내고 말겠다'는 마음과 도쿄라는 거리의 궁합이 딱 맞았던 거겠지요.

강상중 : 그렇습니다. 그래서 도쿄는 역시 '무대'인 거라고 생각합니다. 이 무대에서 자신을 얼마나 키워 나갈까, 그 이상의 무대가 없었던 것이죠.

고이즈미 : 그건 잘 알 것 같아요. 시골에 있을 때와는 전혀 다른 캐릭터가 되어 그 무대에서 분발한 사람이 아주 많은 것 같습니다.

강상중 : 그렇지요. 그러니까 오히려 도회인 중에는 허세를 부리는 사람이 별로 없다고 생각합니다. 죽은 제 친구도 도쿄 출신이었는데 고생스러운 것도 노력하는 것도 겉으로 드러내지 않는 아주 세련된 친구였습니다.

고이즈미 : 제 주변을 봐도 도쿄에서 자란 사람이 자신의 환경을 순수히 받아들여 서민적이고 따뜻한 심성을 갖는 경우가 더 많은 것 같아요. 어머니가 도쿄 닛포리 출신이라 잘 알 것 같습니다.

강상중 : 고이즈미 씨는 아쓰기(厚木, 가나가와 현) 출신이지요?

고이즈미 : 네. 하지만 가나가와 현은 간토関東에서도 다른 현들이 싫어하는 존재예요. 요코하마가 있어서 그런지도 모르겠지만, 가나가와 현 사람에게는 어딘가 '우리는 도쿄보다 위에 있다'는 생각 같은 지겨운 면이 있는 것 같아서요.(웃음) 얼마 전에 마쓰코 데라쿠스 씨와 일 문제로 얘기를 했는데, 지바 현 출신인 그녀가 "가나가와 사람, 싫어"라고 하던데요.(웃음)

강상중 : 그건 저도 잘 압니다. 제가 살아 본 곳도 사이타마나 지바 같은 곳으로, 주로 도쿄 주변을 얼쩡거렸으니까요.(웃음)

고이즈미 교코 小泉今日子
1966년 가나가와 현에서 태어났다. 오디션 프로그램 〈스타 탄생〉에 합격해 1982년 〈나의 열여섯 살〉로 가수로 데뷔했으며, 1980년대의 아이돌로 일세를 풍미했다. 텔레비전, 영화 등에서 여배우로 활약했고, 2005년 영화 〈공중정원〉으로 블루리본상 여우주연상 등을 수상했으며, 2008년 〈구구는 고양이다〉, 〈도쿄 소나타〉로 키네마준포 베스트텐 여우주연상 등을 수상했다. 독서가로도 알려져 있으며, 『요미우리신문』의 독서위원으로 서평을 집필하는 등 문필가로서도 활동하고 있다.

마쓰코 데라쿠스 マツコデラックス, 1972~ . 칼럼니스트, 에세이스트, 탤런트, 여장 남자이자 게이.

'표지'는 자꾸 바뀌지만 아직 낯익은 페이지가 남아 있는 거리, 하라주쿠

강상중 : 그런데 고이즈미 씨는 여배우 말고도 문필가로 활동하고 있는데, 작년에는 『하라주쿠 백경』이라는 책도 내셨지요?

고이즈미 : 네. 잡지에 연재한 것을 묶은 것이에요. 매달 한 번씩 하라주쿠에 가서 그곳과 관계있는 분들과 대담을 하거나 추억을 끼적거리거나 했는데, 그걸 모은 거예요.

강상중 : 저도 읽었습니다만, 굉장히 정겨운 기억이 묘사되어 있어 읽는 사람에게 뭔가 애달픈 기분을 느끼게 해주었습니다. 특히 부모님 얘기가 마음에 남았습니다. 군더더기가 전혀 없고 젠체하는 것이 없어 가슴에 와 닿았습니다. 무척 좋은 글이었습니다.

고이즈미 : 감사합니다.

강상중 : 역시 고이즈미 씨에게 하라주쿠는 특별한 장소입니까?

고이즈미 : 연예계에 들어오기 전 마지막 놀이터가 하라주쿠였기 때문에 그 후에 만난 사람이나 장소와는 전혀 다른 느낌이 있습니다. 그래 봤자 제가 데뷔한 게 열다섯 살 때였으니까, 지금은 그 시기가 제 인생에서도 굉장히 짧아지고 말았지만 말이에요.

강상중 : 미군과 관계있었던 롯폰기에 비하면 하라주쿠는 문화적인 거리로 발전했잖아요. 『하라주쿠 백경』을 읽으면서 고이즈미 씨에게 예술가 친구들이 아주 많다는 데 깜짝 놀랐습니다.

『하라주쿠 백경』 잡지 『스위치SWICH』에 연재해 인기를 모았던 것을 단행본으로 출간했다. 고이즈미 교코가 하라주쿠에서 보낸 청춘 시절을 적은 에세이 11편, 예술인 친구들과 나눈 대담 17편을 수록했다(스위치퍼블리싱 출간).

교코 씨잖아요" 하면서 유명한 디자이너에게 데려다 주고, "그럼, 차라도 마시러 갈까?" 해서 친해지기도 하고요.(웃음) 당시에는 거리에 나가면 그런 만남이 있었어요.

강상중 : 하라주쿠가 그런 예술인들에게 사랑을 받아 온 이유는 뭐라고 생각하시는지요?

고이즈미 : 원래 미국 문화가 일찌감치 들어와 세련된 거리였던 면이 있다고 생각해요. 그런데 윗세대 분들의 이야기에는 반드시 '레옹'이라는 카페가 나옵니다. 디자이너나 사진가 같은 예술인들이 그곳에 많이 모였다는 이야기를 해요. 아지트 같은 곳이 되어 사람이 사람을 불렀던 그런 시대가 있었던 것 같습니다.

강상중 : 빈이나 파리에도 예전에는 살롱이나 카페에 사람이 모여들었고, 그곳에서 이런저런 이야기를 하는 가운데 문화나 사상이 생겨나는 시대가 있었지요. 카페라는 건 원래 그런 운동을 일으킬 가능성이 있는 장소라는 것이겠지요.

고이즈미 : 그렇습니다. 큰 것을 움직이려는 마음이 없어도 카페 같은 데서 이야기를 나누고, 아무 생각 없이 가볍게 휙 한 일이 마법처럼 커지는 시대가 하라주쿠에는 있었다는 생각이 듭니다. 최근에는 하라주쿠에 '오바카날'이라는 카페 레스토랑이 있었는데, 거기에 가면 누군가 아는 사람이 있을 것 같은 느낌이 들어 저도 자주 들렀습니다. 하지만 지금은 그것도 없어져서 좀 서운합니다.

강상중 : 그럼 그 시대에 비하면 지금의 하라주쿠는 상당히 변한 건가요?

고이즈미 : 일로 알게 되었다기보다는 거리에서 만나거나 술을 마시다가 알게 된 사람들이 대부분이에요.(웃음) 20대 무렵에는 집이 하라주쿠에 있어서 자주 돌아다녔거든요. 쉬는 날에는 쇼핑하러 나갔다가 부티크에 들어가면 그곳의 젊은 점원이 왠지 전부터 알고 있던 사람처럼 "앗,

레옹 팔레프랑스 빌딩의 1층에 있던 카페 레스토랑. 프랑스풍의 카페로 외국인 손님도 많았고, 예술 관계자들의 집합소였다. 2003년에 문을 닫았다.

오바카날 AUX BACCHANALES. 하라주쿠 센트럴아파트 1층에 있었던 카페. 센트럴아파트는 사진가나 디자이너 등 많은 예술가들이 사무소를 두고 1970년대 문화를 견인한 것으로 유명하다. 1층의 카페에도 많은 예술인들이 모여들었다.

고이즈미 : 글쎄, 어떨까요. 확실히 오모테산도힐스 같은 게 생기기도 했으니까 '표지'는 자꾸 변하는 거리라고 생각해요. 하지만 요즘에도 한 달에 몇 번씩 이렇게 하라주쿠를 걷다 보면 30년 전에 있던 가게가 아직 있기도 해서 '앗, 익숙한 페이지가 아직 있네' 하는 느낌입니다. 남아 있는 게 있다는 점이 하라주쿠의 좋은 점이겠지요. 그런 점이 런던과 닮았다는 생각이 듭니다. 어렸을 때는 런던의 문화를 좋아해서 자주 놀러 갔는데, 몇 년 전 거품경제 무렵에 오랜만에 갔더니 굉장히 새로운 게 잔뜩 생기기도 한 반면에 킹스로드에 가보면 아직 펑크족이 그대로 있기도 하고요. 그런 느낌이 하라주쿠에도 있는지 모르겠네요. 다양한 패션의 옷을 입은 아이들이 조금씩 남아 있거든요. 롯폰기 같은 곳은 싹 달라져 버리잖아요. 사람도 달라진다는 느낌이 있는 것 같아요.

강상중 : 아아, 그럴지도 모르겠네요. 그래서 롯폰기에는 문화가 자라지 않는 거겠지요.

고이즈미 : 그러니까 실제로 거리에 나가 보면 어느 거리나 늘 신진대사를 하고 있는 거라고 생각했어요. 골목을 걷거나 다양한 사람들과 얘기를 나누고 있으면 거리가 확실히 살아 있구나 하는 느낌이 들었습니다. 그리고 보면 이 책에서도 하라주쿠 이야기가 나왔는데, "메이지신궁이 있어 하라주쿠가 정화되고 있다"는 말은 잘 알 것 같았습니다. 시부야와 신주쿠 사이에 하라주쿠가 없었다면 이어져 버렸을지도 모른다고 생각해요.

강상중 : 저도 그렇게 생각합니다. 신주쿠와 시부야의 역학 관계에 따르는 것이겠지만, 신주쿠에 젊은이 문화가 진출하거나 아니면 신주쿠의 외잡스러운 문화가 시부야까지 오거나 했겠지요.

고이즈미 : 어느 쪽이었을까요? 좀 보고 싶기는 하네요.

> 소중한 기억이
> 깃든 장소가 있는 사람은
> 쉽게 흔들리지도,
> 자신을 잃어버리지도 않는다

강상중 : 도쿄라는 무대는 누구나 주인공이 될 수 있는 가능성과 우연성이 아주 많은 거리입니다만, 고이즈미 씨는 실제로 그 가운데서 아이돌이 되어 무대에 선 셈인데요. 그건 어떤 느낌이었습니까?

고이즈미 : 텔레비전 세계에는 흥미가 있었고, 그 계기는 스스로 만들었습니다. 하지만 막상 그렇게 해서 인생이 움직이기 시작했을 때는 '뭐야, 이렇게 간단히 시작되는 건가' 하고 머릿속으로 막연히 생각했던 기억이 있어요. '부모가 반대해 주지 않을까' 하는 생각도 했습니다만, 반대해 주지도 않았고요.(웃음) 그 뒤로는 어쨌든 굉장히 성가시다고 느꼈습니다.

강상중 : 성가시다?

고이즈미 : 네. 밖에 나가면 사람들이 금방 와 하고 몰려들어 "사인해 주세요" 하고, 거절하면 또 금세 무슨 말을 해대고요. 그럼 어떻게 그 성가심과 타협해야 할까, 하는 생각을 자주 했습니다. 사인을 거절해도 괜찮은 캐릭

터를 만들어 나가자, 장난을 쳐도 "아아, 고이즈미답네" 하는 말을 들을 수 있는 캐릭터를 만들어 가자, 하는 작은 캠페인을 속으로 늘 펼치고 있었습니다.(웃음)

강상중: 예를 들면 제가 나온 프로그램이 텔레비전에서 방송될 때, 저는 맨션에서 오차즈케를 먹으면서 그것을 보고 있는 거죠.(웃음) 그럴 때 자신의 신체감각과 그것을 넘어선 세계의 갭이 있다는 생각이 듭니다만, 그런 건 느끼시나요?

고이즈미: 느끼지요. 저는 아무렇지 않게 편의점에 자주 갑니다만, 다른 사람에게 그런 이야기를 하면 "혼자 편의점에 가도 괜찮아요?" 하는 말을 듣습니다. 그런데 저는 아무렇지 않다고 생각하면서도 "마쓰다 세이코 씨가 혼자 편의점에 간다"는 이야기를 들으면 '정말, 괜찮을까!?' 하고 생각하거든요.(웃음) 그런 걸 늘 느끼고 있습니다.

강상중: 텔레비전에 출연하고 있는 자신과 평소의 자신 사이에 거리가 있다는 것이죠. 하지만 어떤 의미에서 그런 허상 같은 세계에 있으면서 자신을 잃지 않는 것은 굉장히 어려운 일이었을 거라고 생각합니다. 거기에는 뭐가 필요했다고 생각합니까?

고이즈미: 글쎄요, 뭘까요? 저 같은 경우에는 역시 기억이라고 생각합니다.

강상중: 아아, 기억요.

고이즈미: 어렸을 때의 기억. 부모한테서 들은 말이나 연예계에 들어가기 전에 제가 느꼈던 것이라든가, 그런 것을 기준으로 삼자는 생각을 자주 했습니다.

강상중: 그 기억의 장소로 하라주쿠가 있는 건가요?

고이즈미: 하라주쿠도 있습니다만, 아쓰기도 있습니다.(웃음)

강상중: 그런 기억의 장소가 있는 사람은 쉽게 흔들리지 않는 건지도 모르겠습니다. 저도 기억의 장소라는 게 있거든요.

고이즈미: 그렇겠지요. 강상중 씨의 『어머니』에는 자신이 태어나기 전의 일도 굉장히 선명하게 쓰여 있었으니까요. 아마 어렸을 때 들었던 이야기를 쓰셨겠지만, 본 적도 없는 경치인데도 읽고 있으면 영상이 떠올라 신기한 느낌이었습니다. 그건 역시 강상중 씨의 기억 속에 소중하게 간직되어 있기 때문일 거라고 생각했습니다.

강상중: 분명히 그렇습니다. 제가 자란 구마모토의 풍경과 어머니와 아버지의 기억은 밀접하게 결부되어 있고, 거기서 느낀 슬픔이나 좌절이나 기쁨은 구마모토라는 장소에 간직되어 있는 거라고 생각합니다.

고이즈미: 저도 『하라주쿠 백경』에서 하라주쿠에 대해 이런저런 얘기들을 썼습니다만, 결국 그건 거기서 만난 사람에 대한 기억인 셈이지요. 그런 기억의 장소가 있어 행복하다는 생각이 들었고, 기억 같은 형태로 만들 수 없는 것을 기록으로 남겨 둘 수 있다면 좋겠다는 생각을 했습니다.

• 오차즈케 녹차 우린 물에 밥을 말아서 만드는 담백한 음식.(옮긴이)
• 마쓰다 세이코 松田聖子, 1962~. 1980년대를 대표하는 일본의 아이돌 가수 겸 배우.(옮긴이)

'리얼'이 갖는 감동을
다시 보기 시작한 젊은이들,
도쿄에 새로운 바람이 분다

강상중: 도쿄가 지금 좀 위축되고 있는 이유는, 예전과 같은 자력을 잃고 모두에게 이야기를 제공할 수 없게 되었다는 점에 있다고 생각합니다. 예전에는 도쿄에 간다고 하면 뭔가 이야기를 찾으러 가는 듯한 느낌이 있었던 것 같습니다. 그래서 자신이 주인공이 된다고 말이지요. 하지만 지금은 그런 성공담을 쓸 수 없게 된 게 아닌가 하는 생각이 듭니다.

고이즈미: 얼마 전에 음악 일로 미소라 히바리 씨에 대한 이야기를 하다가 생각한 것인데요. 옛날에는 모두가 같은 꿈을 꿀 수 있었던 것 같아요. 그녀가 노래를 부르면, 모두가 그 노래에서 꿈을 꿀 수 있었지요. 그래서 그 힘이 점점 커져 갔던 거라고 생각해요. 지금도 꿈을 갖고 있는 아이들은 많이 있을지도 모르겠지만, 굉장히 세분화되어 있어 커다란 물결이 되지 못하는 게 아닐까 하는 느낌이 듭니다.

강상중: 소문자, 중문자 영웅은 있지만 대문자 영웅은 나오지 않는 시대입니다. 구마모토에서 비행기를 타면 도쿄까지 한 시간 반이면 갈 수 있게 되었고, 어느 도시에도 '작은 도쿄' 같은 곳이 생겨 도쿄는 포화 상태가 되어 버렸습니다. 게다가 어디를 가나 휴대전화나 인터넷으로 새로운 정보가 똑같이 들어오기 때문에 도쿄가 특별하지 않게 되어 버린 것이죠.

• 미소라 히바리 美空ひばり, 1937~1989. 일본의 쇼와시대를 대표하는 가수이자 여배우.(옮긴이)

고이즈미: 들끓는 활기는 확실히 없는지 모르겠지만, 도쿄에도 조금씩 새로운 바람이 불기 시작했다는 느낌이 듭니다. 예를 들어 유라쿠초의 육교 아래에는 옛날과 다름없는 음식점이 잔뜩 늘어서 있잖아요. 제가 아는 사람이 지금 그곳을 활성화하는 일을 하고 있는데, 다들 작은 점포용 공간에서 양복점이나 골동품 가게를 시작하고 있습니다. 그런 움직임이 생기면 뭔가로 이어지지 않을까 생각합니다.

강상중: 그 얘기는 참 흥미롭네요. 이 책에도 썼습니다만, 야나카·네즈·센다기 주변에도 젊은 예술가들이 계속 들어가 거리가 다시 태어나고 있는 듯한 느낌이었습니다. 임대료가 싸다는 것도 매력적이겠지만, 그 세대 사람들에게는 그 오래된 거리가 오히려 신선하게 느껴졌겠지요.

고이즈미: 그래서 헤이세이(平成, 1989년이 헤이세이 원년이다) 이후에 태어난 사람들이 아마 새로운 바람을 불러일으켜 주지 않을까, 하고 저는 굉장히 기대하고 있습니다. 지금 30대 정도의 사람들이 가장 정보에 의존해 살고 있는 듯한 느낌이 들고 별로 다치고 싶어 하지 않는 것처럼 보입니다만, 그 이후 세대에게서는 다른 바람(風)을 느낄 때가 있습니다. 예컨대 최근에는 컴퓨터를 사용하지 않고 실제 악기만으로 음악을 만드는 젊은 사람들이 나오고 있어요. 그런데 그게 새로운 풍미를 가지고 있어요. 그런 바람을 여러 장르에서 느낄 때가 있습니다. 연극도 젊은 사람들이 극장을 찾게 되었고요.

강상중: 사람들 사이의 직접적인 교제라든가 손수 만든 느낌이라든가 하는 '리얼'에 대한 감동이라는 것을 다시 보는 듯한 느낌이 있지요.

고이즈미: 그리고 수도를 어디로 한번 옮겨 보면 좋지 않을까 하는 생각도 합니다.(웃음) 이사를 하면 좋은 에너지를 받은 것 같은 기분이 들지 않나요? 수도도 이사를 한다면 뭔가 변하지 않을까 해서 굉장히 흥미를 갖고 있습니다.

강상중: 그건 참 대담하고 흥미로운 아이디어입니다. 진지하게 생각해 봐도 좋을 듯한데요.

택시에서 혼자 바라보는 도쿄는 도회의 현장감으로 넘치고 있다

강상중: 고이즈미 씨는 지금 쇼난 쪽으로 거처를 옮겼다고 들었습니다만, 그건 도쿄에서 탈출하고 싶은 마음에서였습니까?

고이즈미: 저 자신은 그렇게 생각하지 않았습니다만, 주변에 "누교는 싫나", "도쿄는 공기가 탁하다" 하고 한탄하는 사람들이 많이 있었어요. 특히 동세대의 남자 배우들이 그런 말을 많이 했는데, 그래도 이사할 기력이 없는 것 같아 보여서 기력이 있는 제가 먼저 해보자 하는 마음에서요.(웃음) 지인이 마침 쇼난 쪽의 집을 임대해 주겠다는 얘기를 해서, "그거 괜찮을 것 같은데" 하는 마음에 이사하기로 했습니다.

쇼난 가나가와 현 남부의 사가미 만(相模灣) 연안 일대.(옮긴이)

강상중 : 그러고 보니 여배우 사와무라 사다코 씨가 만년을 보낸 곳도 쇼난 쪽 아니었나요?

고이즈미 : 네, 근처입니다. 사와무라 씨는 여든 살에 배우 생활을 그만두고 바다가 보이는 집에서 텃밭을 가꾸기도 하면서 문필 작업만 하며 지내셨잖아요. 마지막에는 남편 병구완을 하고 그 자신도 그 뒤를 따르듯이 돌아가시고……. 지금 제게 부족한 것은 그것뿐입니다. 병구완해줄 사람이 없어요. 대신 고양이와 살고 있어요.(웃음)

강상중 : 이사를 해서 변한 게 있습니까?

고이즈미 : 도쿄로 오는 데 차로든 전철로든 한 시간은 걸립니다. 하지만 익숙해지니까 그 한 시간이 매우 소중한 시간이 되었습니다. 도쿄에 살 때는 일이 끝나도 머리가 또렷해서 그대로 집에 들어가고 싶지 않은 날이 있었는데, 그럴 때 그냥 에잇 하고 어디 들르는 일이 있었거든요. 딱 한 잔만 하고 들어가고 싶었는데 정신을 차리고 보면 몇 시간이나 지나 있는 식이었죠.(웃음) 그런데 이동 시간 한 시간에 리셋할 수 있게 되니까, 술집이 필요 없게 되었습니다.

강상중 : 머리를 식히기에는 딱 좋은 시간이네요. 도쿄를 보는 눈도 변했습니까?

고이즈미 : 일주일쯤 도쿄에 가지 않는 경우도 가끔 있습니다만, 오랜만에 나갔을 때 고속도로를 달리다 고층 빌딩 같은 게 보이면 웃음이 날 때가 있습니다. "뭔가 이상한 게 있다!" 하고요.(웃음) 사파리 공원에 온 것 같은 느낌이 듭니다.

강상중 : 그런 느낌은 저도 잘 압니다. 저는 가끔 밤늦게 차를 타고 돌아갈 때 고층 빌딩의 창 불빛이 반딧불로 보일 때가 있거든요. 이렇게 늦은 시간까지 일하는 사람들이 있구나 하고 왠지 숙연해지고 마는데, 차 안에서 보는 도쿄는 각별히 도회의 현장감이 있습니다.

고이즈미 : 정말 그래요. 그래서 지금 도쿄에서 가장 좋아하는 장소를 물어보면 '택시에서 바라보는 도쿄'라고 해요. 그게 '지금 저의 도쿄'인지도 모르겠어요.

강상중 : 단순히 '본다'는 것이지요.

고이즈미 : 네, 그래요. 강상중 씨가 이 책에서도 썼습니다만, 여행지의 호텔방에서 야경을 보고 있으면 신기하게도 마음이 진정됩니다. 그러고 보면 옛날 어떤 미국 영화에서 미래 도시의 영상을 촬영하는데 수도고속도로를 차로 휙 달리며 찍은 걸 미래의 영상으로 썼다는 이야기가 있지 않았나요?

강상중 : 그건 소련의 안드레이 타르코프스키가 감독한 〈혹성 솔라리스〉입니다.

고이즈미 : 아, 맞아요. 저는 이야기만 듣고 아직 보지는 않아서요.

강상중 : 그거 굉장한 영화입니다. 저는 일고여덟 번 봤습니다. 한번 보시는 게 좋을 겁니다. 잘 보면 수도고속도로의 입구 안내 간판이 휙 비치는데 '아, 여기 도쿄다!' 하게 되지요.

사와무라 사다코 沢村貞子, 1908~1996. 전후 일본 영화계를 대표하는 배우 중 한 사람이다. 오즈 야스지로 감독의 작품 등에서 명조연으로 활약하는 등 평생 200편이 넘는 영화에 출연했다. 수필가로도 명저를 남겼다.

고이즈미 : 1980년대에는 미래를 그린 영화에 일본이 자주 나왔잖아요. 〈블레이드 러너〉(1982)에서도 어쩐 일인지 우동집 주인이 나오기도 하고요.(웃음)

강상중 : 옛날 다카쿠라 겐 씨가 나온 〈그대여, 분노의 강을 건너라君ょ憤怒の河を渉れ〉(1976)라는 영화에는 신주쿠의 고층 빌딩이 나오는 장면이 있는데, 그것을 본 중국 사람들이 깜짝 놀랐다는 이야기가 있습니다. 지금은 아주 평범한 경치가 되었고, 오히려 베이징이나 상하이가 더 굉장해지지 않았습니까. 도쿄가 아시아에서도 단연 으뜸가는 도시였던 시대가 있었지만, 그건 이미 옛날이야기죠.

고이즈미 : 왠지 좀 섭섭한 느낌이 드는데요.

강상중 : 일본 영화 중에서도 요즘은 도쿄를 인상적으로 그린 영화가 없잖아요. 옛날이라면 오즈 야스지로(小津安二郎, 1903~1963) 감독의 〈도쿄 이야기東京物語〉(1953)가 유명했습니다만, 요즘 시대에 어울리는 '도쿄 이야기'에 고이즈미 씨가 꼭 나오면 좋겠습니다. 이건 제가 멋대로 생각해 본 이미지여서 송구스럽습니다만, 고이즈미 씨한테는 히다리 사치코 씨의 젊었을 때 이미지가 있습니다.

고이즈미 : 와아, 이거 기분 좋은데요. 저는 히다리 사치코 씨의 영화를 그다지 보지 않았습니다만, 프랑키 사카이 씨가 주연한 〈막말태양전幕末太陽伝〉(1957)에서 상당한 말괄량이 역으로 나왔잖아요.

강상중 : 예. 그렇지요. 그러고 나서 미쿠니 렌타로 씨가 주연한 〈기아해협飢餓海峽〉(1965)에도 나왔습니다. 하지만 아마 고이즈미 씨는 히다리 사치코 씨 이상으로 훌륭한 여배우가 되겠지요. 기대하고 있겠습니다.

고이즈미 : 열심히 하겠습니다. 네, 분발해야겠네요.(웃음)

다카쿠라 겐 高倉健, 1931~ . 일본을 대표하는 영화배우. 우리에게는 〈철도원〉이라는 영화의 주인공으로 알려져 있다. (옮긴이)
히다리 사치코 左幸子, 1930~2001. 1960년대부터 1980년대에 걸쳐 활약한 여배우. 히트작에 출연하기보다 좋은 작품에 출연하는 데 계속 집착했다. 1963년 일본인으로는 처음으로 베를린 국제영화제 여우상(은곰상)을 획득했다. 프랑키 사카이 フランキ－堺, 1929~1996. 일본의 코미디언, 배우.(옮긴이)

책을 마치며

　도쿄는 왜 사람을 끌어들일까요. 돈, 명예, 오락, 소비, 문화, 권력, 권위 등 갖가지 기회가 집중되어 있어, 어디 콩고물이라도 없나 하는 생각 때문일까요. 확실히 그것이 도쿄의 매력임은 틀림없습니다. 저 역시 그 자력에 끌린 사람이었습니다.
　요령부득이고 막연한 것인지도 모르지만, 어떤 기회가 제 장래에 이익을 가져다줄지도 모른다, 또는 흥미진진한 미지의 사람이나 사건을 만나 흔해빠진 지루한 인생에서 벗어날 수 있을지도 모른다, 그런 어렴풋한 기대의 불꽃이 제 마음 한편에서 깜박깜박 불타고 있었던 것으로 기억합니다. 십대가 끝나가는 무렵이었습니다.
　다만 도쿄는 제 머리의 용적을 훨씬 넘어서 있었습니다. 소세키의『산시로』에 나오는 히로타 선생님은 산시로에게 "도쿄는 구마모토보다 넓다. 일본은 도쿄보다 넓다. 그러나 머릿속이 일본보다 넓겠지" 하고 갈파하지만 제 머리는 일본은커녕 도쿄보다 훨씬 작았습니다. 한없이 작은 저의 뇌와 끝없이 이어지는 넓은 도쿄. 저는 처음으로 자그마한 제 머리로는 파악할 수 없는 거대한 것을 만나 어찌할 바를 몰랐습니다. 제 존재가 통째로 부정당한 것 같아 불쾌하고 불안했습니다.

그래도 도쿄를 떠나기 힘들었습니다. 오감을, 심신을 자극하는 도쿄의 매력이 저를 붙잡고 놓아주지 않았기 때문이지요. 이 상반된 힘이 제 안에서 서로 싸우고 언제까지고 타협할 줄 몰랐습니다. 하지만 돌아보면 상반된 힘의 비중이 변한 것은 세월과 함께 친숙해진 장소의 이동과 결부되어 있다는 것을 알게 되었습니다.

도쿄에서 처음으로 가까워진 장소, 그곳은 이케부쿠로였습니다. 우연하게도 친척이 이케부쿠로 근처에 살고 있었기 때문입니다.

약 40년 전의 이케부쿠로, 그곳은 역 주변이나 백화점 등 빛이 드는 일부 장소를 제외하고 그림자 부분이 도처에 펼쳐져 있었습니다. 그곳에는 변두리의 쓸쓸하고도 애달프며 불안한 분위기가 떠돌고 있었습니다. 그래도 저는 네온의 요염한 빛에 어렴풋이 떠도는 그림자 부분이 싫지 않았습니다. 그곳은 어딘가 구마모토 변두리의 광경과 닮아 있었기 때문입니다.

그런 이케부쿠로 부근의 카페 '새틴'에 죽치고 앉아 동료들과 입에 거품을 물고 토론하거나 선전 삐라 초고를 쓰거나 묵묵히 좋아하는 책을 읽거나 했고 또한 주말에는 밤을 새워 영화를 보기도 했습니다. 그러는 사이에 어느새 불안이나 불쾌감은 사라지고 말았습니다. 도쿄라고 해도 이케부쿠로는 어딘가 낡아빠진 구마모토와 연결되어 있는 듯한 거리였으니까요.

신주쿠는 그런 저의 도쿄 체험의 연장선 위에 펼쳐진 거리였습니다. 학생 소요와 포크 게릴라, 언더그라운드 연극이나 가설끽차의 떠들썩함 등 신주쿠

포크 게릴라 포크송을 불러 통행인을 모아 놓고 현대의 문제를 토론하는 집회를 조직하는 활동.(옮긴이)   언더그라운드 연극 1960년대부터 1980년대에 걸쳐 일본에서 활발하게 일어난 무대 표현의 한 조류. 이 운동의 근저에는 반체제주의나 반상업주의 사상이 있었고, 1960년대의 학생운동이나 시민운동의 사상과도 상통하는 점이 있었다. 그리하여 그때까지의 상업 연극이나 신극과는 다른 실험적인 무대 표현으로 독특한 세계를 창출했다.(옮긴이)

의 도처에서 낯선 사람끼리의 만남과 헤어짐이 연출되었습니다. 그리고 역 주변이나 번화가 주변에는, 이케부쿠로와 마찬가지로 고향을 버린 사람들의 원한이나 쓰라림이 모여 있는 그림자 부분이 있었습니다. 도쿄에는 그림자가 많았습니다. 그런 인상이 오히려 제 불안을 누그러뜨려 주었던 것입니다.

하지만 긴자나 시부야, 하라주쿠, 아오야마에 들어서는 순간 저는 불안해졌습니다. 가끔 발을 들여놓은 적은 있어도 그저 지나쳐 갈 뿐이었습니다. 이케부쿠로나 신주쿠에서 느끼는 어쩐지 불안하지만 정겨운 감각이 거의 모습을 감추고 눈부시게 아름다운 빛 속에서 모든 것이 밝게 빛나고 있는 것처럼 보였기 때문입니다. 다만 그런 메마른, 그리고 너무나도 도쿄적이라고밖에 할 수 없는 거드름을 피우는 분위기에 저는 어딘가에서 희미하게 상쾌함을 느끼고 있었습니다. 그것은 저를 불안하게 했음에도 그것이 발하는 자력에는 저항하기 힘들었기 때문입니다.

물론 도쿄가 여기서 들고 있는 거리로 끝나는 것은 아닙니다. 황거나 오테마치大手町, 가스미가세키霞が関나 나가타초, 우에노나 아키하바라, 그리고 워터프런트나 아사쿠사 등 23구만 해도 제각각 여러 얼굴이 있습니다. 다만 그것들을 다 알 틈도 없이 저는 1980년대부터 이케부쿠로에서 북서쪽으로, 아라카와를 넘어 사이타마 현의 어느 동네로 이동하여 그곳에 살게 되었습니다. 도쿄의 교외화한 지역에서 도쿄를 봤을 때의 인상은, 살벌한 도쿄 사막에 우뚝 선 '엘도라도'라는 이미지였습니다.

그리고 나서 거의 20년이 흘렀습니다. 베를린장벽이 무너지고 냉전이 종결되었으며 연호는 헤이세이平成가 되었습니다. 얼마 후 저는 너무나도 도쿄적인 이미지의 긴자나 아오야마, 롯폰기나 아카사카 부근에도 자주 발을 들여놓게 되었습니다. 정신을 차리고 보니 도쿄에서는 원망이나 쓰라림이 모여 있는 그림자 지대가 거의 사라지고 없었습니다. 그것은 야나카나 산야, 간다의 뒷골목 등에 매우 여리게 숨 쉬고 있을 뿐이었습니다. 거품경제와 광란적인 땅값 폭등이 종으로 횡으로 도처로 뻗어 나가는 고층 빌딩 숲을 만들어 내어 그림자가 보이지 않는 세계가 출현하게 되었습니다. 이케부쿠로도 신주쿠도 예외가 아니었습니다. 제 눈에 그것은 바로 원더랜드였습니다. 그림자가 끝없이 사라지는 세계는 허구의 세계일 수밖에 없기 때문입니다.

하지만 아이러니하게도 동일본을 강타한 대지진과 쓰나미 그리고 원전 사고는 도쿄를 마치 40년 전의 도쿄로 돌려놓은 것처럼 도처에 어둠을 만들어 냈습니다. 이케부쿠로 변두리의 불안한 어둠이 재현되었습니다. 모든 그림자를 몰아낸 듯한 아오야마도 아카사카도 롯폰기도 그 반짝이는 빛을 잃고 마치 40년 전의 이케부쿠로가 되고 말았습니다. 하지만 그런 도쿄도 결코 나쁘지 않은 것 같습니다. 학창 시절로 시간 이동을 한 기분으로 도쿄를 배회할 수 있으니까요. 지금 다시 한 번 그 무렵의 도쿄 스트레인저 기분으로 도쿄를 방황해 보고 싶습니다.

잡지 『바일라』에 2년 반에 걸쳐 연재를 하면서 저는 도쿄의 다양한 장소를 찾았고, 그곳에서 다양한 것을 발견했습니다. 스릴 있고 흥미진진한 경험이었습니다.

그런 기회를 준 『바일라』 편집부 여러분들, 특히 전 편집장인 이시와타 다카코石渡孝子 씨, 현 편집장인 사토 마호佐藤眞穂 씨, 그리고 담당 편집자인 스가와라 노리코菅原倫子 씨, 이시다 마리石田眞理 씨에게 고맙다는 말을 전합니다. 그리고 무엇보다도 연재의 파트너였던 글작가 사토 히로미佐藤裕美 씨, 카메라맨 와타나베 신渡部伸 씨에게 감사의 말씀을 전합니다.

참고문헌

- 姜尙中, 『在日』(集英社, 2008)
- 姜尙中, 『悩む力』(集英社, 2008)
- 姜尙中, 『姜尙中の靑春讀書ノート』(朝日新聞出版, 2008)
- 姜尙中, 『ニッポン・サバイバル―不確かな時代を生き抜く10のヒント』(集英社, 2007)
- C. シュミット, 『政治的なものの概念』, 田中浩・原田武雄訳(未來社, 1970)
- アレクサンドル・コジェーヴ, 『ヘーゲル讀解入門「精神現象学」を読む』, 上妻精・今野雅方訳(國文社, 1987)
- 江戸川亂步, 『江戸川亂步傑作選』(新潮社, 1960)
- 夏目漱石, 『三四郎』(新潮社, 1948)
- トーマス・マン, 『魔の山』上下卷, 高橋義孝訳(新潮社, 1969)
- 芥川龍之介, 『侏儒の言葉・文芸的な, 余りに文芸的な』(岩波書店, 2003)
- 小林秀雄, 『考えるヒント4』(文藝春秋, 1980)
- 坂上康博, 『スポーツと政治』(山川出版社, 2001)
- 島泰三, 『安田講堂 1968〜1969』(中央公論新社, 2005)
- 東浩紀, 『動物化するポストモダン オタクから見た日本社会』(講談社, 2001)
- 鈴木理生, 『江戸の川・東京の川』(井上書院, 1989)
- アンリ・ベルクソン, 『笑い』, 林達夫訳(岩波書店, 1976)
- 大屋雄裕, 『自由とは何か―監視社会と「個人」の消滅』(筑摩書房, 2007)

- 富田昭次,『東京のホテル』(光文社, 2004)
- 桐山秀樹,『ホテル戦争』(角川書店, 2005)
- モナ・オズーフ,『革命祭典』,立川孝一訳(岩波書店, 1988)
- 大貫惠美子,『ねじ曲げられた櫻 美意識と軍国主義』(岩波書店, 2003)
- 小川和佑,『桜の文学史』(文藝春秋, 2004)
- 秋尾沙戸子,『ワシントンハイツ GHQが東京に刻んだ戦後』(新潮社, 2009)
- 藤森照信,『建築探偵・近代日本の洋館をさぐる』(NHK出版, 1998)
- 島田誠,『コロッセウムからよむローマ帝国』(講談社, 1999)
- ヒュギーヌス,『ギリシャ神話集』,松田治・青山照男訳(講談社, 2005)
- 岡本哲志,『江戸東京の路地 身体感覚で探る場の魅力』(学芸出版社, 2006)
- 谷根千工房編著,『ベスト・オブ・谷根千 町のアーカイヴス』(亞紀書房, 2009)
- 隈研吾・清野由美,『新・都市論TOKYO』(集英社, 2008)
- 吉見俊哉・若林幹夫,『東京スタディーズ』(紀伊國屋書店, 2005)
- 金子勤,『東京23区の地名の由来』(幻冬舎ルネッサンス, 2010)
- 三浦展,『大人のための東京散歩案内』(洋泉社, 2006)
- 南谷えり子・井伊あかり,『東京・パリ・ニューヨク ファッション都市論』(平凡社, 2004)
- 毎日ムック,『築地まるかじり 2008』(毎日新聞社, 2007)
- 東京生活別册,『東京美術館案内』(エイ出版社, 2007)
- 平凡社編,『世界大百科事典』(平凡社, 1968)
- 新村出編,『廣辞苑 第五版』(岩波書店, 1998)

도쿄 산책자
강상중의 도시 인문 에세이

2013년 5월 30일 1판 2쇄

| 지은이 | 강상중 |
| 옮긴이 | 송태욱 |

책임편집	정보배
편집	조건형·진승우
디자인	백창훈
제작	박흥기
마케팅	이병규·최영미·양현범
구성	사토 히로미
촬영	와타나베 신

출력	한국커뮤니케이션
인쇄	천일문화사
제책	정문바인텍

펴낸이	강맑실
펴낸곳	(주)사계절출판사
등록	제406-2003-034호
주소	(413-756) 경기도 파주시 문발동 파주출판도시 513-3
전화	031) 955-8588, 8558
전송	마케팅부 031) 955-8595 편집부 031) 955-8596
홈페이지	www.sakyejul.co.kr 전자우편 skj@sakyejul.co.kr
독자카페	사계절 책 향기가 나는 집 cafe.naver.com/sakyejul
페이스북	www.facebook.com/sakyejul
트위터	twitter.com/sakyejul

값은 뒤표지에 적혀 있습니다. 잘못 만든 책은 구입하신 서점에서 바꾸어 드립니다.

사계절출판사는 성장의 의미를 생각합니다.
사계절출판사는 독자 여러분의 의견에 늘 귀 기울이고 있습니다.

이 책은 저작권법에 따라 보호받는 저작물이므로 무단전재와 무단복제를 금합니다.

ISBN 978-89-5828-664-6 03300

이 도서의 국립중앙도서관 출판시도서목록(CIP)은
서지정보유통지원시스템 홈페이지(http://seoji.nl.go.kr)와
국가자료공동목록시스템(http://www.nl.go.kr/kolisnet)에서 이용하실 수 있습니다.
(CIP제어번호: CIP2013001618)

한국생활사박물관

한민족 100만 년 생활사가 오롯이 되살아난다!

크고 엄청난 사건들만이 아니라 작은 일상생활 하나하나가 우리의 역사를 만들어갑니다. 선사 시대부터 남북한으로 분단된 오늘날에 이르기까지, 대부분의 역사책들이 지나쳐 왔던 사소한 생활들의 구체적인 역사를 열두 권의 책에 담아 냈습니다.

- ◉ 한국출판문화대상 특별상
- ◉ 백상출판문화상 편집상
- ◉ SBS 미디어대상 최우수상
- ◉ 「월간 디자인」 우수 디자인 프로젝트 상
- ◉ 출판사 편집장들이 뽑은 2000년의 책 10선
- ◉ KBS 1TV 〈TV 책을 말하다〉 선정도서

1권 | 선사생활관
2권 | 고조선생활관
3권 | 고구려생활관
4권 | 백제생활관
5권 | 신라생활관
6권 | 발해·가야생활관
7권 | 고려생활관 1
8권 | 고려생활관 2
9권 | 조선생활관 1
10권 | 조선생활관 2
11권 | 조선생활관 3
12권 | 남북한생활관

한국생활사박물관 편찬위원회 지음 | 올컬러 국배판 | 양장 | 전 12권

주목할 만한 도서 10선

철학이 필요한 시간
강신주의 인문학 카운슬링

강신주 지음 | 348쪽 | 컬러

아파도 당당하게, 두려움 없이!
상처받은 이들을 위한
48가지 인문학적 치유의 목소리

이 책은 니체, 스피노자, 원효, 데리다 등 동서양 철학자들의 인문 고전을 통해 그들의 철학적 사유의 핵심이 현실적인 삶의 고민들과 어떻게 연결되어 있는지 그 접점을 찾아 독자들에게 철학적 어드바이스를 제공해주는 인문 공감 에세이다. 강신주는 동서양 철학에 대한 폭넓은 이해와 형이상학적인 철학적 사유들을 땅 위의 문제와 접목시키는 탁월한 내공을 바탕으로 마치 심리 카운슬링을 하듯, 고민과 불안에 갇혀 있는 이들에게 상처를 치유할 수 있는 참다운 인문정신을 보여준다. 이 책에는 달콤한 거짓 위로나 자기 최면이 아닌, 직접 문제에 부딪힘으로써 사유할 수 있는 힘을 길러주는 인문학적 충고가 담겨 있다. 남들이 보는 '나'가 아니라 진정한 자신을 찾고, 타인과 맺은 비뚤어진 관계들을 바로잡고, 너와 나만이 아닌 우리 모두의 지속 가능한 소통을 위해 48명의 철학자들이 보낸 유리병편지를 펼쳐보자.

◉ 한국간행물윤리위원회 권장도서
◉ 「조선일보」·「동아일보」·「국민일보」·알라딘 2011 올해의 책 선정
◉ 「매일경제」·교보문고 2011 베스트북 선정
◉ 삼성경제연구소 2011 CEO 추천도서 선정
◉ 문화체육관광부 우수교양도서

고민하는 힘

강상중 지음 | 이경덕 옮김 | 184쪽 | 양장

**고민 끝에 얻은 힘이 강하다!
재일 한국인 최초 도쿄대 교수 강상중이 쓴
삶의 방법론**

세계화와 속도전에 휘둘려 중압감과 고립감을 느끼고 있는 모두에게 보내는 격려의 메시지. 저자는 '나는 누구인가?', '돈이 세계의 전부인가?', '믿는 사람은 구원받을 수 있을까?', '무엇을 위해 일을 하는가?' 등 근본적 물음에 대해 당장 답이 나오지 않는다 해도 끝까지 그 질문들을 던져버리지 말 것을, 과거 고도성장기에 대한 향수에 젖는 것과 같은 방법으로 현실을 도피하지 말 것을, 적당함을 버리고 치열하게 고민해서 결국엔 뚫고 나갈 것을 제안하고 있다.

*한국의 젊은이여,
인생의 아홉 가지 화두를
고민하라!* ─ 한겨레신문

*철저한 고민 후 그 속에서
살아갈 힘 찾아내라.*
─ 경향신문

*늙어서 최강이 되고 싶은가?
생각하라, 고민하라.*
─ 중앙일보

- 한국간행물윤리위원회 권장도서 ● 문화체육관광부 우수교양도서
- KBS 1TV 〈책 읽는 밤〉 2009 올해의 책 선정
- 『조선일보』・『한겨레신문』・『한국경제신문』 2009 올해의 책 선정

반걸음만 앞서 가라 강상중 지음 | 오근영 옮김 | 156쪽

정치학자 강상중 교수가 김대중 대통령과의 만남을 통해 얻은 리더십론. 강상중은 국민보다 반걸음 앞서가는 김대중 전 대통령의 '반걸음 리더십'이 이 시대에 어울리는 리더십이라고 주장하며, 일본의 정치상황과 현대의 정치경제적 변화 등에 대한 통찰력 있는 분석과 대안을 내놓는다.

새벽, 김대중 평전

김택근 지음 | 456쪽

**한국 현대사는 김대중과 함께
그 한계를 극복해왔다
오해와 왜곡을 벗겨내고 인간 김대중의
진면목을 드러낸다!**

기성 정치인 중 유일하게 선생님으로 불렸던 사람, 김대중. 그 이름은 한 사람의 이름에 그치지 않는다. 눈앞에 닥쳐오는 시련에 온몸으로 부딪히며 개인과 시대의 한계를 극복해간 그 이름은 납치와 사형 선고, 망명 등과 함께 한국 민주주의의 상징이 되었다. 또 정치인으로 살아간 30여 년의 시간은 알알이 대통령으로 귀결되는 시간이었고, 그 시간은 남북 화해, 민주주의와 인권의 신장, 경제 위기 극복 등으로 준비된 대통령으로서의 존재감을 깊게 각인시켰다. 김대중은 시대가 나아갈 길을 가리키는 나침반의 바늘이었고, 한국 현대사는 김대중과 함께 그 한계를 극복해갔다. 김대중을 다시 쓰고자 하는 이 책, 김대중 평전은 김대중을 둘러싸고 있는 오해와 왜곡을 벗겨내고 김대중의 진가를 드러내고자 한다.

4

불온한 생태학
지구를 지키는 새로운 생각

이브 코셰 지음 | 배영란 옮김 | 360쪽

생태학의 최전선을 보여주는 생태학 입문서
인간중심적인 성장제일주의에
문제를 제기하다!

이 책은 녹색당 출신으로 프랑스 환경부 장관을 역임한 이브 코셰가 쓴 생태학 입문서로 전 지구적으로 발생하는 환경 위기를 막기 위해서는 산업문명의 기치인 성장제일주의에 문제를 제기해야 한다고 주장한다. 또한 생태계를 파괴하면서도 더 편하고 좋은 것만 추구해온 인간중심적인 사고에서 벗어나지 않는다면 인류의 미래도 종말뿐이라고 경고하고 있다. 저자는 환경 위기를 막을 대안으로 '탈성장'을 제시하며 비효율적인 산업문명을 새롭게 탈바꿈할 것을 제안한다. 탈성장은 현재 전 세계에 걸쳐 주류 환경 담론인 '지속가능한 성장'에 반대하는 급진적인 환경 담론이다. 저자는 환경운동가이자 정책가로서의 역량에 바탕해 근본적이면서도 현실적으로 환경론을 설파한다. 이 책은 이반 일리치, 한스 요나스 등 다양한 사상가들을 인용해 생태학 문제를 철학적 성찰의 문제로 고민하게 해준다. 또한 환경 문제를 다루는 다양하고 아이디어 넘치는 도판 자료를 통해 환경 운동과 생태학에 대한 관심을 새롭게 환기시킨다.

당신의 계급 사다리는 안전합니까?
불평등이 만들어낸 우리 시대의 초상

뉴욕타임스 지음 | 김종목·김재중·손제민 옮김 | 372쪽

『뉴욕타임스』가 보여주는 계급의 맨얼굴
불평등은 우리를 어떻게 지배하고 있는가

미국을 대표하는 언론사인 『뉴욕타임스』가 1년의 취재 기간을 거쳐 '계급이 문제다(Class Matteres)'라는 제목으로 게재한 기획기사를 모은 책이다. 이 책은 미국 사회의 다양한 사람들을 인터뷰해 계급이 이들의 삶에 어떻게 영향을 미치고 있는지, 어떤 문제를 유발하는지를 밝혀내고 있다. 이 책에 실린 미국 사회의 계급 구조는 개인적인 것에서부터 공적인 영역까지, 또는 탄생에서 죽음까지 모든 것을 망라한다. 상층계급, 중간계급, 하층계급이 심장병 치료 과정에서 받는 차별을 통해 계급 문제가 사람들의 생사까지 결정한다는 사실을 밝혀내거나 노동계급 출신 대학생들의 중퇴 문제를 조명해 계급이 대물림되는 과정도 밝혀낸다. 이 책은 계급에 사로잡힌 개개의 삶은 물론 '구조화되어 있는 계급'을 보여주기 위해 개별 인터뷰와 설문조사뿐 아니라 미국 국세청과 통계청의 방대한 자료를 분석해 계급에 접근하는 새로운 길을 열었다. 이 책은 사회불평등이 점차 심각해지는 한국 사회에 대해 생각해볼 기회를 제공한다.

세계를 팔아버린 남자
신자유주의 국가는 어떻게 만들어졌나

윌리엄 클라인크넥트 지음 | 유강은 옮김 | 480쪽

**세계를 팔아버린 대통령, 레이건
이권과 탐욕, 부도덕으로 결탁한 MB 정부의
원조를 밝힌다**

세계를 뒤흔들고 있는 금융 위기, 중산층과 서민의 몰락, 양극화의 확대 등은 모두 레이건 시대에 시작된 신자유주의의 산물이다. 감세, 규제 완화, 복지 예산 삭감, 공기업 민영화 등 신자유주의 정책은 철저하게 부유층과 대기업을 대변했고, 레이건 집단의 탐욕이 이권을 매개로 결탁되어 있었다. 이 책은 영화배우 출신으로 인기 대통령으로 기억되는 레이건이 기실 오늘의 사태를 야기한 신자유주의의 개척자이자 세계를 팔아버린 남자였음을 낱낱이 폭로하고 있다. 또 레이건이 지지자 집단과 어떻게 얽히고설키며 신자유주의의 화신이 되어갔는지에 대한 각성을 전달하고 있다.

이 책에서 고발하고 있는 1980년대 미국과 레이건 정부의 행태는 한국의 독자들에게 낯설지 않다. 부자와 대기업 일변도의 정책과 도덕적 추문으로 점철된 레이건 정부의 모습은 이명박 정부와 놀라울 정도로 유사하기 때문이다. 한국 독자들은 이권과 탐욕, 부도덕으로 점철된 이명박 정부의 원형을 발견할 수 있을 것이다.

철학의 시대
춘추전국시대와 제자백가

강신주 지음 | 320쪽

제자백가의 귀환, 불꽃 튀는 사유의 경연
전쟁의 시대는 철학의 시대였다

전쟁과 살육의 시대였던 춘추전국시대는 무한경쟁과 약육강식으로 고통과 상처에 신음하던 시대였다. 혼란의 시대에 고통과 상처를 치유하고 새로운 삶의 규칙과 논리를 도모하는 사상가들이 있었다. 진흙탕에서 연꽃을 피우려는 철학자들은 고분분투했고, 찬란한 사유의 불꽃으로 타올랐다. 전쟁의 시대는 철학의 시대였고, 철학자들의 시대였다. 관중, 공자, 손자, 오자, 묵자, 양주, 상앙, 맹자, 노자, 장자, 혜시, 공손룡, 순자, 한비자 등 당대 철학계의 슈퍼스타들은 철학을 시작하고 철학의 미래를 열었다. 『철학의 시대』는 본격적으로 제자백가 철학자들을 다루기 전에 그 시대적 배경과 사상사적 문맥을 밝혀준다. 제자백가 철학자들이 활약했던 춘추전국시대의 정치적·사회적·지적 배경을 펼쳐 보여주고 고대 경전을 통해 고대 중국인들의 삶과 사유의 내용을 살펴본다. 또 제자백가 사상사가 쓰여진 방식을 계보학적으로 정리하면서 제자백가에 대한 오해와 진실을 밝혀낸다.

- ●「한겨레신문」 2011 올해의 책 선정
- ● 한국간행물윤리위원회 '2011 우수저작 및 출판지원사업' 당선작

8

관중과 공자
패자의 등장과 철학자의 탄생

강신주 지음 | 302쪽

죽고 죽이는 야만의 시대를 고민한
정치철학의 정수, 관중과 공자를 다시 읽는다

일반적으로 제자백가에 대한 통념은 공자를 제자백가의 시작, 나아가 중국철학의 시작으로 간주한다. 강신주는 이런 통념에 정면으로 반기를 든다. 중국 역사상 가장 위대한 재상의 한 사람으로 평가되는 관중의 정치철학적 통찰을 높이 평가하고 공자의 철학은 관중으로부터의 영향과 관중 정치철학에 대한 오독으로부터 탄생했다고 평가한다. 관중은 급변하는 당시 정국에 대한 예리한 통찰력과 국가와 민생에 대한 냉철한 현실주의 철학을 통해 제나라를 첫 번째 패권 국가로 만든다. 반면 공자는 당시 격동하던 정치경제적 현실과 유리된 관념의 세계를 구축하며 춘추전국시대에는 아무런 정치적·사상적 영향력을 발휘하지 못했다. 오늘날 관중과 공자는 춘추전국시대를 양분한 두 가지 사유 경향, 법가 계열의 현실주의적 사유 경향과 유가 계열의 보수주의적 사유 경향의 원류로 평가된다. 강신주는 이러한 관중과 공자의 맨 얼굴을 보여줌으로써 제자백가에 대한 새로운 해석을 시작한다.

● 『한겨레신문』 2011 올해의 책 선정

해적판 스캔들
저작권과 해적판의 문화사

야마다 쇼지 지음 | 송태욱 옮김 | 360쪽

저작권의 탄생, 저작권은 누구를 위한 것인가? 해적판, 그들만의 지식에 도전장을 던지다!

『해적판 스캔들』은 18세기 영국에서 저작권 개념이 확립되던 시기에 저작권의 영구적인 독점을 꾀하는 대형 서점주들과 '해적 출판업자' 도널드슨의 법적 투쟁을 축으로 저작권법의 탄생 과정을 다루고 있다. 이를 통해 오늘날 저작권이라는 개념이 어떻게 만들어졌는지를 보여줌으로써 재산권으로서의 저작권을 옹호하고, 이를 침해하는 행위를 해적질로 비난하고 있는 현실에 도전적인 질문을 던진다. 이 책은 저작권을 둘러싸고 벌어진 '도널드슨 대 베케트 재판'을 한 편의 흥미진진한 법정 드라마로 재구성해 보여준다. 스코틀랜드 시인 톰슨의 『사계절』의 출판권을 놓고 벌어진 19일간의 치열한 법정 공방은 해적 출판업자의 승리로 끝난다. 이 재판 이후 저작권 개념은 저작권자의 권리를 인정하는 동시에 그 권리를 기한을 정해 제한하는 것으로 확립되었고, 오늘날 저작권법의 근간이 되고 있다. 저자는 이 책을 통해 오늘날 너무나 당연한 권리로 인식되는 저작권이 사실상 서로 충돌하는 이해관계의 산물에 불과하며 또한 흔히 불법적인 것으로 인식되는 해적판이 문화 발전에 기여했음을 밝혀내고 있다.

코끼리의 후퇴
3000년에 걸친 장대한 중국 환경사

마크 엘빈 지음 | 정철웅 옮김 | 912쪽 | 양장

3000에 걸친 중국 환경사에 관한 최초의 기록!

점점 더 높아지는 현대 중국의 환경 위기와 근대 이전부터 시작된 환경 위기의 기원을 고찰한 이 책은 중국 고대 시기인 상 왕조에서부터 제국 시기인 청 왕조까지 3000년이라는 기간 동안 중국에서 펼쳐진 인간에 의한 환경 변화를 다룬 기념비적인 기록이다. 2004년 예일대 출판부에서 출간되고 난 후 서구사회에서는 제2차 세계대전 이후로 매우 극소수의 역사학자들만이 이룩한 학술적 성과물이라는 칭송과 함께 매력적이고도 경이로운 역작이라는 찬사가 쏟아졌다. 중국에 대한 해박한 지식과 뛰어난 이해를 소유한 저자는 고대 시기의 전쟁을 목적으로 한 삼림과 초지의 파괴, 인간과 코끼리와의 거주지 경쟁에서 코끼리들이 밀려나고 이후 대규모로 진행된 대운하 건설과 같은 수리통제의 기술에 따른 환경 변화가 중국의 경제와 사회·정치에 어떤 영향을 미쳤는지를 일목요연하게 제시한다.

● 문화체육관광부 2011 우수학술도서

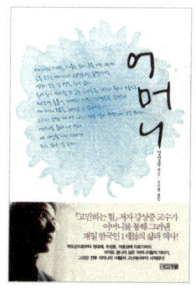

어머니

강상중 지음 | 오근영 옮김 | 300쪽

재일 한국인 최초의 도쿄대 교수 강상중 교수가 '재일의 역사' 그 자체였던 어머니의 삶을 돌이켜본다. 해방 후 고향으로 돌아가지 못하고 일본 땅에서 차별과 생활고를 견디며 자식을 위해 강인한 어머니로서 질곡의 삶을 살아내야 했던 어머니의 삶이 고스란히 담겨 있다. 이 책은 어머니의 넋을 진혼하며 식민지와 전쟁이라는 뼈아픈 고통 속에서 시작된 자이니치 1세대들의 삶과 역사를 회고한다.

- ◉ 대한출판문화협회 2011 올해의 청소년도서 선정
- ◉ 2011 MBC 스페셜 8·15 특집 〈오모니(母)〉 방송

즐거운 지식

책의 바다를 항해하는 187편의 지식 오디세이

고명섭 지음 | 776쪽 | 양장

인터넷 서평꾼 로쟈가 인정하는 책 읽기의 고수, 책에 관한 최고의 감식안과 방대한 지식을 자랑하는 서평 전문 기자 고명섭이 최근 4년 남짓한 기간 동안 출간된 187편의 문제작들을 통해 우리 시대의 고민과 논쟁, 지적 성취, 불꽃 튀는 낭대의 사유를 총망라한 인문학 지도를 그려 보인다. 지젝의 『시차적 관점』, 칼 폴라니의 『거대한 전환』 등을 통해 최근 인문학 동향을 살필 수 있다.

어디 사세요?
부동산에 저당 잡힌 우리 시대 집 이야기

경향신문 특별취재팀 지음 | 340쪽

너희들의 유토피아

김영종 지음 | 332쪽 | 컬러

집은 그 안에 살고 있는 사람들만큼이나 많은 이야기를 품고 있다. 이 책은 이익만을 좇는 재개발과 오르는 전셋값을 따라잡지 못해 밀려나는 사람들의 주거문제를 중심으로 오늘의 한국 사회에서 '집'으로부터 시작되는 사회적 이야기들을 다각도로 살펴본다. 투전판으로 변질된 주택시장, 건설업계와 정관계의 토건 동맹, 사는 지역과 주택 형태에 따라 나뉘는 주거의 계급화, 주거 형태에 따라 정치적 성향이 결정되는 주거의 정치학 등을 다루며 부동산에 저당 잡힌 우리 시대 주거의 풍경을 그린다.

진보란 무엇인가? 유토피아는 과연 누구를 위한 것인가? 저자는 이러한 질문에 답하기 위해 현대의 문화, 역사, 예술, 언론, 경제, 정치 사회 시스템 등을 가로지르며 기존의 관념을 낱낱이 해부한다. 그럼으로써 저자는 현대인의 뇌를 장악하고 있는 현대문명의 메커니즘을 파헤치고 은폐되어 있는 사회적 진실을 밝혀낸다. 기존의 가치관을 전복시키는 과정 속에서 독자들은 카오스의 고통과 자유를 향한 재생의 기쁨을 동시에 경험할 수 있다.

● 한국간행물윤리위원회 권장도서

휴머니스트를 위하여
경계를 넘어선 세계 지성 27인과의 대화

콘스탄틴 폰 바를뢰벤 엮음 | 강주헌 옮김 | 572쪽

이 책은 소잉카, 굴드, 크리스테바, 레비스트로스 등 20세기를 대표하는 석학들을 찾아 그들과 나눈 이야기를 대담집으로 엮은 것이다. 학문적 한계를 뛰어넘어 지식의 한계에 도달한 걸출한 석학들이 나와 지난 세기를 반추하고 세계화와 문명 간 단절이 심화되고 있는 우리 시대를 성찰힌다. 전문가만 있을 뿐 사회와 세계를 통찰하는 지식인을 찾기 어려운 우리 시대에 이 책은 지식인이라는 존재와 역할을 보여줄 것이다.

리영희 프리즘
우리 시대의 교양

**고병권·천정환·김동춘·이찬수·오길영·이대근
안수찬·은수미·한윤형·김현진 지음 | 240쪽**

이 책은 리영희를 프리즘으로 삼아 우리 시대를 이해하고, 다른 세상, 다른 삶을 위한 새로운 고민을 시작하고자 한다. 생각한다는 것은 무엇인지부터(고병권), 책 읽기(천정환), 전쟁(김동춘), 종교(이찬수), 영어공부(오길영), 지식인(이대근), 기자(안수찬), 사회과학(은수미), 청년 세대(한윤형)에 이르기까지 리영희를 매개로 우리 시대 교양의 기초를 다지고자 한다.

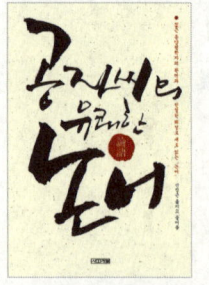

굿바이, 스바루
뉴욕 촌놈의 좌충우돌 에코 농장 프로젝트
덕 파인 지음 | 김선형 옮김 | 252쪽 | 컬러

공자씨의 유쾌한 논어
신정근 편역 | 824쪽

이 책은 뉴욕 출신의 한 저널리스트가 뉴멕시코 촌구석의 외딴 농장에 정착해 환경 친화적인 삶의 실험을 하면서 벌이는 좌충우돌 에코 농장 프로젝트다. '무한도전'이나 '1박2일'에 나올 법한 갖가지 해프닝 속에 환경과 생태 문제에 대한 진지한 고민이 살아 있는 독특한 책이다. 저자의 실험은 한 권의 책으로 끝난 것이 아닌 현재 진행형으로, 여전히 뉴멕시코의 펑키뷰트 목장에서 염소, 코요테와 더불어 살며 소식을 전하고 있다.

이 책은 『논어』의 메시지를 현대적 상황에 맞게 변용시켜, 원문을 일상어로 평이하게 번역하고 매일 경험할 수 있는 상황을 제시하여 원문의 의미를 추체험해볼 수 있도록 했다. 독서의 길잡이 역할을 하는 여러 가지 장치를 마련하여 어느 부분을, 어떻게 읽어야 하며, 무엇을 고민해야 할지를 알려준다. 이제 관심사나 필요에 따라 골라 읽는 '하이퍼텍스트' 논어를 만나자.

● 한국간행물윤리위원회 권장도서

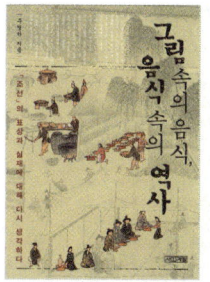

차폰 잔폰 짬뽕
동아시아 음식 문화의 역사와 현재

주영하 지음 | 300쪽 | 도판 수록 | 컬러

비슷하면서도 다른 한·중·일 세 나라의 음식 문화는 어떻게 변해왔을까? 국가와 민족의 틀에 갇혀 있던 동아시아의 음식 문화는 이제 그 틀을 넘나들며 다채로워진 한편, 세계화의 여파로 그 고유성이 점차 사라지고 있다. 이 책은 민족·국가·로컬푸드라는 키워드로 동아시아 음식 분화에 내해 인문학적 접근을 시도한다. 국내 최고의 음식 문화 연구자인 저자 주영하 교수는 수년간 현지 조사한 내용을 토대로 동아시아 음식 문화를 상세하게 풀어낸다.

그림 속의 음식, 음식 속의 역사

주영하 지음 | 280쪽 | 도판 수록 | 컬러

민속학과 음식사 전문가의 '풍속화 속 음식을 통한 조선 읽기'. 암소의 젖을 짜내는 내의원 의관, 요즘은 잘 먹지 않는 숭어찜을 먹는 모습, 조선 사람들이 차려낸 서양 음식 등, 특히 저자는 유구한 전통을 가진 음식으로 알려진 김치가 조선 후기 그림에서 등장한 예기 없다는 점에 주목한다. 우리가 알고 있는 조선과 풍속화 속의 조선은 얼마나 다를까?

- ◉ 한국간행물윤리위원회 권장도서
- ◉ 한국출판인회의 선정도서

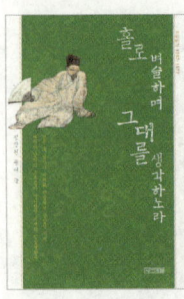

홀로 벼슬하며 그대를 생각하노라

정창권 풀어 씀 | 280쪽 | 도판 수록

돈황의 역사와 문화

나가사와 카즈토시 지음 | 민병훈 옮김
328쪽 | 도판 수록 | 컬러

결혼 후 남자가 여자의 친정에서 살았던 시대, 여자가 남자의 소유물이 아니었던 조선의 일상생활사. 이 책은 미암 유희춘이 1567년에서 1577년까지 거의 매일 같이 한문으로 기록한 개인 일기를 토대로, 16세기 양반 가정의 일상생활을 생생하게 복원한다. 그 풍경은 흔히 전통으로 착각하는 17세기 임진왜란 이후의 조선과는 전혀 다른 16세기 조선의 풍경이다.

- ● 한국간행물윤리위원회 권장도서
- ● 한국출판인회의 선정도서
- ● 「중앙일보」 선정도서

동서 문화 교류의 십자로, 중앙아시아와 중국을 잇는 실크로드의 요충인 오아시스 도시 돈황의 역사와 문화를 담은 국내 최초의 돈황 개설서. 중앙아시아사 연구의 세계적인 권위자인 나가사와 카즈토시 교수가 고대부터 현대에 이르기까지 복잡한 돈황의 역사를 체계적이고 일목요연하게 정리했다. 동양사·미술사·종교사·철학 등 다방면의 돈황학 연구 성과를 바탕으로 돈황의 역사와 그 문화사적 가치를 쉽고 평이한 문체로 서술하여 일반인을 위한 교양서로서 길잡이 역할을 한다.

- ● 한국간행물윤리위원회 권장도서

칭기스 칸, 잠든 유럽을 깨우다

잭 웨더포드 지음 | 정영목 옮김 | 436쪽

"왕들의 목을 짓밟은 오만한 압제자이자 아시아의 비옥한 들판을 황무지로 만들어버린 야만인 칭기스 칸!" 그러나 문화인류학자인 저자는 몽골의 정통 역사서인 『몽골 비사』와 현장 답사를 토대로 기존의 잘못된 상식을 바로잡는다. 총 인구 수십만에 불과한 내륙 아시아의 각은 부족연맹체가 어떻게 유라시아 대륙 전체를 포괄하는 세계 제국을 건설했을까? 쉬운 문체, 치밀한 내용 구성이 돋보이는 명실상부한 '칭기스 칸 평전'이자 '몽골 제국의 역사'이다.

◉ 삼성경제연구소 추천도서

실크로드, 길 위의 역사와 사람들

김영종 지음 | 368쪽 | 도판 수록

지금까지 '실크로드의 약자들'은 세계사 교과서의 주인공인 강대국들의 문명교류를 매개하는 중계자에 불과한 것으로 치부되었다. 저자는 이러한 '주류의 세계사'를 전복하고, 세계사 속의 약자이면서도 동서양의 문화를 살찌우는 데 공헌한 실크로드의 진정한 주인공들에 대해 복원을 시도한다. 간결한 문체로 실크로드사의 전체상을 아우르고 있어 실크로드를 처음 접하는 독자들도 이해할 수 있는 개론서다.

그레이트 게임
중앙아시아를 둘러싼 숨겨진 전쟁

피터 홉커크 지음 | 정영목 옮김 | 692쪽 | 도판 수록

19세기 중앙아시아에서 영국과 러시아가 벌인 비밀스러운 스파이 전쟁, 그레이트 게임! 야심만만한 제국의 청년 장교와 일확천금을 노리는 모험가들이 중앙아시아의 황량한 사막과 험준한 산맥을 누비면서 격돌한다. 강대국의 이해관계가 얽힌 전쟁터이자 자원을 노린 각축장이 된 중앙아시아의 숨겨진 역사를 마치 소설처럼 흥미진진하고 긴박감 넘치는 문체로 서술한다. 21세기 '새로운 그레이트 게임'이 벌어지고 있는 중앙아시아의 알려지지 않은 역사를 만난다.

◉ 한국출판인회의 추천도서

실크로드의 악마들
중앙아시아 탐험의 역사

피터 홉커크 지음 | 김영종 옮김 | 364쪽 | 도판 수록

영국 도서상 논픽션 부문 수상 도서인 이 책은 20세기 초반 중앙아시아의 실크로드를 탐험했던 스웨덴의 스벤 헤딘, 프랑스의 폴 펠리오, 미국의 랭던 워너, 일본의 오타니 등 여섯 명의 탐험기를 담고 있다. 이들이 죽음을 무릅쓰고 중앙아시아의 오지로 내디딜 수밖에 없었던 원동력을 철저하게 규명함과 동시에 그들이 왜 중국인들에게 '악마'로 보였는지를 균형 잡힌 시각으로 대비시키고 있다.

◉ 문화관광부 추천도서

유라시아 천년을 가다
역사학자 4인의 문명 비교 탐사기

박한제·김호동·한정숙·최갑수 지음 | 288쪽
도판 수록 | 컬러

13세기 몽골 대제국의 건설을 계기로 동·서양이 조우하고 충돌했던 유라시아 역사의 현장을 동양사학자와 서양사학자 4인이 함께 유라시아 현지를 직접 탐사했다. 두 문명의 상호 영향과 발전 양상의 역사적 맥락을 면밀하게 분석하고, 21세기를 맞이한 인류가 동서의 장벽을 넘어 보편적 문명을 추구할 수 있는 길을 심도 있게 모색한다.

◉ 한국문화예술진흥원 추천도서
◉ 교보문고 권장도서
◉ 「중앙일보」 선정도서
◉ 대한출판문화협회 선정도서

황하에서 천산까지
김호동 역사 에세이

김호동 지음 | 220쪽 | 도판 수록 | 컬러

중국 전 영토의 절반을 차지하고 있는 4대 소수민족인 티벳족, 회족, 몽골족, 위구르족에 대한 이야기. 이들 각 민족들은 지리적으로 중국에 접해 있었던 까닭에 몽골처럼 한때 중국을 지배하기도 했지만 대부분은 강력한 중국의 힘에 눌려 계속 간섭을 받아왔다. 이 책은 이들 각 민족들이 중국과의 관계에서 애환과 패배를 겪었음에도 끝까지 버리지 않고 있는 소망을 다루고 있다.

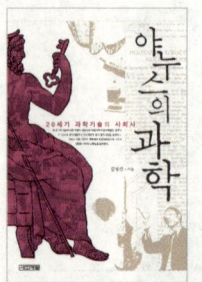

진인각, 최후의 20년
어느 중국 지식인의 운명

육건동 지음 | 박한제·김형종 옮김 | 820쪽
도판 수록 | 양장

현대 중국의 4대 역사학자 가운데 한 사람으로 평가받는 진인각은 중국 사학계에 엄청난 영향력을 끼치고 있는 대가다. 이 책은 1950~1960년대 중국의 거대한 정치적 격랑 속에서도 학자의 길에 매진한 진인각이라는 한 중국 지식인의 마지막 20년을 다루고 있으면서도, 초기 중화인민공화국의 역사와 격동의 시대를 살아낸 수많은 중국 지식인들의 삶을 복원해낸 최고의 논픽션이다.

◉ 한국간행물윤리위원회 권장도서
◉ 한국출판문화상 번역상

야누스의 과학
20세기 과학기술의 사회사

김명진 지음 | 252쪽

이 책은 과학 발전에서 두 차례의 세계대전과 냉전, 정부와 기업의 지원이 여러 분야의 과학활동에 미친 영향과 그것이 만들어낸 새로운 문제들—지구온난화, 원자폭탄, 유전자 변이, 환경호르몬 등—을 고찰한다. 또 이러한 사회적, 환경적 문제들과 관련된 과학 이론이 어떤 사회적 배경에서 형성되었는지, 이 문제들의 원인과 해결 방안을 둘러싼 치열한 논쟁들은 어떻게 진행되어 왔는지를 '현대 과학기술과 사회의 관계'에 초점을 맞추어 기술하고 있다.

◉ 한국간행물윤리위원회
　2008 우수출판기획안 공모전 최우수상

아침 신문을 읽듯, 역사를 읽는다

먼 과거의 딱딱한 역사를 마치 날마다 주위에서 일어나는 사건처럼 쉽고 생생하게 이해할 수 있도록 신문 형식으로 만들었습니다. 각 시대를 머리기사, 보도기사, 해설기사, 인터뷰, 쟁점, 사설, 만평 등으로 구성하여 입체적으로 역사를 이해할 수 있습니다.

역사신문
역사신문 편찬위원회 지음 | 전 6권

1권 | 원시 시대~통일신라 2권 | 고려 시대 3권 | 조선 전기
4권 | 조선 후기 5권 | 개화기 6권 | 일제 강점기

◉ 문화관광부 추천도서
◉ 어린이도서연구회 권장도서

세계사신문
세계사신문 편찬위원회 지음 | 전 3권

1권 | 문명의 여명에서 십자군전쟁까지
2권 | 몽골 제국에서 미국 독립까지
3권 | 프랑스 혁명에서 현대까지

◉ 중앙독서교육 추천도서
◉ 동아일보 선정 2003 세계 책의 날 권장도서

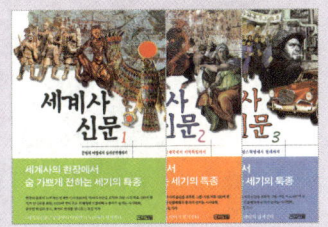

근현대사신문
(근대편·현대편) 전 2권

근대편(1876~1945)
강응천·김정·김성환·정인경 외 지음

현대편(1945~2003)
강응천·고지훈·김형규·강양구 외 지음

◉ 한국간행물윤리위원회 권장도서

지도로 보는 역사
아틀라스 역사 시리즈

시대 순으로 배열되는 역사에 지도를 아울러 시간에 갇혀 있는 역사 이해의 폭을 공간으로 넓힙니다. 아틀라스 역사 시리즈의 역사 지도는 단지 당대의 국경이나 지형을 표현하는 것에 그치지 않고, 본문에 기술된 역사적 사건과 변화의 흐름을 지도로 표현하여 역사의 공간적인 맥락을 이해할 수 있습니다.

아틀라스 한국사
한국교원대학교 역사교육과 지음 | 228쪽 | 도판 수록 | 컬러 | 양장
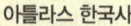
● 문화관광부 우수학술도서

아틀라스 세계사
지오프리 파커 엮음 | 김성환 옮김 | 196쪽
도판 수록 | 컬러 | 양장
● 대한민국학술원 우수학술도서
● 문화관광부 우수학술도서

아틀라스 중국사
박한제·김형종·김병준·이근명·이준갑 지음
240쪽 | 도판 수록 | 컬러 | 양장
● 문화관광부 우수교양도서　● 한국출판인회의 선정도서

아틀라스 일본사
일본사학회 지음 | 236쪽 | 도판 수록 | 컬러 | 양장

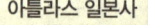
● 아틀라스 중앙아시아사(근간) | 김호동 지음